诚恒师韵

——“难忘教师”的育人故事

姚天勇　主编

东南大学出版社
SOUTHEAST UNIVERSITY PRESS
·南京·

图书在版编目(CIP)数据

诚恒师韵 :“难忘教师”的育人故事 / 姚天勇主编.
—南京 : 东南大学出版社,2015.8
(“难忘教育”系列丛书)
ISBN 978 - 7 - 5641 - 5906 - 1

Ⅰ.①诚… Ⅱ.①姚… Ⅲ.①中学教师—优秀教师—先进事迹—南通市 Ⅳ.①K825.46

中国版本图书馆 CIP 数据核字(2015)第 157754 号

诚恒师韵——“难忘教师”的育人故事

出版发行 东南大学出版社
出 版 人 江建中
社 址 南京市四牌楼 2 号(邮编:210096)
网 址 http://www.seupress.com
责任编辑 孙松茜(E-mail:ssq19972002@aliyun.com)
经 销 全国各地新华书店
印 刷 南通印刷总厂有限公司
开 本 700mm×1 000mm 1/16
印 张 13.25
字 数 267 千字
版 次 2015 年 8 月第 1 版
印 次 2015 年 8 月第 1 次印刷
书 号 ISBN 978 - 7 - 5641 - 5906 - 1
定 价 39.80 元

(本社图书若有印装质量问题,请直接与营销部联系。电话:025 - 83791830)

前　言

姚天勇

著名学者樊和平教授给南通市特级教师后备人才讲课时说到，一个人的成长记忆中，如果没有一位让他难以忘怀的老师和一堂难以忘却的课，是终生憾事！

是的，老师的人格魅力和教学艺术，会穿透年轻的心灵，在其人生长河中不断闪现，乃至成为难以磨灭的终身记忆和人格归宿。江苏省南通中学近 30 位“难忘教师”的育人故事，即叙述了他们拨动学生心灵的动感过程。这些文字也许平凡，没有惊天动地的壮歌；也许寻常，没有引人入胜的高潮，但平凡之中的感怀，长此以往的坚守，才会有真正生命意义的耕耘，这也正是我们编辑此书的夙愿。成稿过程，书写者淡然以就，然感慨良多，取以何名来概括和呈现这部书稿呢？编者反复斟酌，几易其名，最终明飞兄和刘华兄击掌顿悟，定名“诚恒师韵”。

江苏省南通中学建校于 1909 年，创办人张謇先生亲立校训“诚恒”。“诚”者，诚实、诚信、忠实不欺，是为人道德之本；“恒”者，恒心、恒定、始终如一，是读书做学问之道。“诚恒”二字简洁、明了，却涵盖了教育之要义和本质，因而确立了通中教育“立人治学”之起点和根本。一百多年来，“诚于做人，恒于学问”始终是通中师生崇德修业的基础和风范，人们视其为“通中人”的文化特质和人文标识。学校在文化传承和教育熏陶之中，始终一以贯之、发扬光大，并在教育实践中贯穿“以德为先、以诚立身”的人文精神，创立了道德认知、道德践行、道德内化的“难忘教育”。

“难忘教育”之于“难忘”，在于教育过程是感悟和体验的活动情境，是受教育者主体领悟和内化为素质的过程，是教育者倍加关爱、身体力行的人文观照。于是，实践“难忘教育”，达到“教育难忘”，成为通中教育的一大亮色。而让学子最难忘怀的是与他们贴心相伴的师长，是老师倾心付出、如拂春风的情感。为呼应学子的心声，引领教育风尚，学校于2010年首评学生心目中的“难忘教师”，至今已有30位在职教职工获此殊荣。

“难忘教师”的核心价值和内在涵摄，是从“诚恒”引申出的为人为业的先进性和模范性，是通中“敬业爱生，追求卓越”学校风尚的典型代表，是教师“启德育智，引领成长”事业天职的生动写照。根据《江苏省南通中学“难忘教师”评选条例》，全校师生共同推举通中“难忘教师”，每年一度，历时数周，人人抒怀，情真意浓。这项活动已超出一般意义的先进人物评选价值，而是由内而外、由表及里、由特殊到一般、由平凡而见高尚的教育情怀和人格力量的渲染。所以，书中的故事散发着教育的温润和人性的温度，这里有周建民的“内外兼修”、符小斌的“从‘心’开始”、姚明的“一只苹果”、“卞超人”的“侠骨”与“柔情”、刘秀莲生命中的六个“瞬间”、刘伟忠的“理性守望”、蒋维的“教育风景”、杨建楠的“幸福指数”、钱明华收获的“贴心雨伞”、罗志钧的“边陲之情”、夏敏敏感言的“平凡”、陶大双的“本分”、李建冰的数个“难忘”、王泽华淡淡的“几件小事”、杨志冲“通中忆旧”、葛勇兵甘做“老实人”、“仍在途中”的范建、殷月萍的几重“新开始”、王年冲的“乒乓情缘”、汤飞星追求的“教育境界”、朱志平的“平等”与“宽容”、滕旻彦“爱的真切”、从建平的“日复一日”、徐德均的“平静”与“炽热”、陆刘华的“宁静以致远”、张宝梅的“好胜”与“信任”、张锦华的“润物无声”、秦树芝的“一路跋涉”、朱虹杰的“淡泊如沙”，等等，从中能体会到做教师的责任与勤勉，做通中教师的厚重与高远！

南通中学教师队伍在不断成长和发展之中，每一份付出、每一点收获，都将汇成滋润生命、引领社会的教育正能量，相信“诚恒师韵”一定回味无穷、令人难忘。

目录
Contents

在德艺双馨的道路上努力前行 …………………………… / 周建民 / 1

关爱从"心"开始 ……………………………………… / 符小斌 / 10

平平淡淡才是真 ……………………………………… / 姚　明 / 16

学生眼中的"超人" …………………………………… / 卞秀凤 / 23

用心血铺设学生通向成功的阶梯 ……………………… / 刘秀莲 / 32

当一名理性的守望者 …………………………………… / 刘伟忠 / 39

教育风景:流连与创造 ………………………………… / 蒋　维 / 45

学生成长是我最大的幸福 ……………………………… / 杨建楠 / 53

花儿在唤醒中次第开放 ………………………………… / 钱明华 / 61

情系边陲　放飞梦想 …………………………………… / 罗志钧 / 68

难忘出于平凡 ………………………………………… / 夏敏敏 / 74

为学校付出是我的本分 …………………………………………… / 陶大双 / 81
做学生心灵和思想的引领者 ………………………………………… / 李建冰 / 87
教育生涯纪事 ………………………………………………………… / 王泽华 / 95
在通中工作的日子 ………………………………………………… / 杨志冲 / 103
不辞长作老实人 …………………………………………………… / 葛勇兵 / 109
人在途中 …………………………………………………………… / 范　建 / 116
新的人生从这里开始 ……………………………………………… / 殷月萍 / 121
乒乓球伴随我一生 ………………………………………………… / 王年冲 / 126
追寻规律与艺术并重的教育境界 ………………………………… / 汤飞星 / 132
做一个平等、宽容的教师 ………………………………………… / 朱志平 / 139
爱的聚集 …………………………………………………………… / 滕旻彦 / 146
尽力把工作做到无愧我心 ………………………………………… / 丛建平 / 152
愿平静外表下有颗感人的心 ……………………………………… / 徐德均 / 158
守拙宁静以致远 …………………………………………………… / 陆刘华 / 166
怀揣着学生信任和师生情感前行 ………………………………… / 张宝梅 / 174
师爱，润物细无声 ………………………………………………… / 张锦华 / 181
一路跋涉一路歌 …………………………………………………… / 秦树芝 / 187
平凡如沙 …………………………………………………………… / 朱虹杰 / 196

在德艺双馨的道路上努力前行

周建民

周建民，江苏如东人，1983 年毕业于苏州大学政治教育系，并获法学学士学位。1983 年至 2002 年在江苏省如东高级中学工作，2002 年调入南通中学。现任南通中学政治学科主任，教授级中学高级教师。先后被评为江苏省特级教师，南通市优秀教育工作者，南通市师德标兵，南通市教育系统学科带头人，南通市新世纪科学技术带头人培养工程首批培养对象，南通市“226 高层次人才培养工程”首批中青年科学技术带头人，南通市“十一五”教育科学研究先进个人。

言传身教，做师德的表率

作为一个教师，必须努力做到内外兼修，才能够让学生“亲其师，信其道”。教师的一言一行对学生的影响是潜移默化的，有的是深远持久的。

2002 年 8 月，我调到江苏省南通中学工作。一次，在南通市金融系统工作、我工作后的第一届学生陈永宏同学，得知我到了南通，第一时间邀我叙旧。十多年未见，他已由当初的瘦瘦小小、十分腼腆的小男孩儿，长成了高高大大、稳重健谈的帅小伙儿。当谈到他的发型的时候，他说：“这是受您的影响。”我问怎么讲？他说：“因为我崇拜您！您当初非常帅，而且还煮鸡蛋给我吃！”他回忆说，当初我作为他的班主任，在他患肺炎恢复后来校上学的一段时间，为了加强营养，每天煮鸡蛋给他吃。他把这事一直记在心里，但我早忘得一干二净。当然，注重自己的仪表，这对我来说，多年来倒是一直如此。刚参加工作的七年中，我连续担任班主任。15 年后，又担任过一年高三班主任。作为班主任与学生交流、接触的机会更多，对学生各方面的影响更大些。

作为任课老师，同样会影响到学生，并通过学生在家长中产生影响。2012 年寒假后，我收到高二(6)班张 L 同学家长的短信，大意是孩子学习积极性不高，精神状态不好，马上面临“小高考”(即高中学业水平测试必修科目考试)，家长心里非常着急，尽管做了很多工作，但收效甚微，实在想不出其他更好的办法。她知道小孩比较崇拜我，便给我发了这个信息，希望我帮他们一把，并嘱咐一定不能让小孩知道。其实这孩子我高一时就教他，胖乎乎的样子很可爱，当时各方面表现都很不错，特别善于提出独立见解。近期的确有些松懈，学习主动性不够。于是，我瞅准机会，利用抽查他基础知识的机会，与他在教室走廊里进行交谈。谈话的中心是，小高考是对我们学业水平的一次重要评价，对于我们一生来说只有一次，我们应该认真对待，努力争取理想的成绩，不要因为自己的原因而留下遗憾。他频频点头，表示认同。打那以后，我觉得他的“精”“气”“神”明显不一样。经过努力，在小高考中，他获得全 A。

2005 年 12 月初的一天，我接到一封来自丹阳市第六中学一位同学的来信。原来，该生是我主持编写的一本复习资料的读者。来信是这样的：

周老师：

您好！

我是丹阳市第六中学的一名高三学生，由您编写的《直击考点100练·政治》一书在我校高三很受欢迎。目前此书高三学生人手一本，已成为我们政治学习中的重要组成部分。在此对您为我们提供了如此高质量的一本参考书表示感谢！

你所编写的《100练》题目新颖、严谨，贴近高考，这一点已在我们许多同学中引起共鸣。在此我对您一丝不苟的工作精神和严谨治学的态度表示敬佩。

……

作为一名高三学生我期望有一个和名校名师交流的机会。如果有可能希望给我们的政治复习提几点建议。

感谢您在百忙之中抽空读我的信，我们期待您的回音。

祝

工作顺利！所带班级高考创造佳绩！

您的忠实读者　刘汐炜

2005.11.26

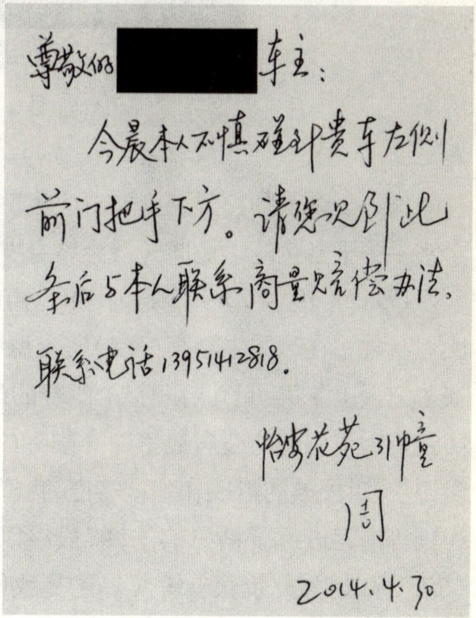

尊敬的[redacted]车主：

今晨本人不慎碰到贵车左侧前门把手下方。请您见到此条后与本人联系商量赔偿办法。联系电话13951412818。

怡安花苑31幢

周

2014.4.30

读到如此热情洋溢、言辞恳切的来信，我欣然回信。是的，我在教学中一直面向教育对象思考，追求“新颖”与“严谨”，这份资料可以说是我多年教学经验的结晶，没想到它有如此大的社会影响。

2014年4月30日，市区政治学科优课评比在南通一中举行，我应邀担任本次比赛的评委。因共有八位选手参赛，所以比赛从早晨第一节课即开始，因为着急赶路，加上自己驾车不到半年，车技还不怎么熟练，在小区车位掉头出发时，汽车车头不慎擦到边上的一辆车的左侧车门。虽然只是有一点点很浅的擦痕，但我还是很自责和不安，并想着把这事解决了，至少要打个招呼。无奈一时无法联系车主，只好先用手机拍下了车号，而后去上班。当时距离一般单位的上班时间还早，也没人看见，此处小区车位也没有安装探头，可我当时想到的是我与车主虽说素不相识，但如果一走了之的话，我会感觉心中有愧，何况我还是通中老师。在忐忑了一天之后，当晚就写了一张字条贴在了被碰的车上，我这才如释重负。一周之后，车主打来电话进行了沟通；又过了大约一周，在了解到我是通中老师并聊到他孩子在通中读高三之后，他让我不要把这事放在心上。这件事情以这样的方式解决，是我始料不及的。

让自己的工作和为人得到学生的喜爱、家长的信赖和社会的赞誉，做师德的表率，这是我的职业追求，也是我最感幸福的事情。

志存高远，做教学的标兵

作为一个教师，必须努力钻研业务，才能真正“传道、授业、解惑”。教师的教学水平关乎学生的学业成长乃至终身发展。

1995年10月23~25日，我作为如东县的选手参加南通市高中政治优秀课评比。我抽签在启秀中学高三(4)班上课，课题是《我国是统一的多民族国家》，时间在第三天上午第四节课，即整个比赛的最后一课。这堂课，我从当时由于民族矛盾尖锐等因素引起的波黑战争这一国际热点作为课堂导入，运用多种教学手段和教学方法，对民族的形成和基本特征、我国的民族概况以及各民族共同创造了统一的祖国等内容进行了精彩的演绎，最终以“深刻的理解，清晰的表达，精彩的互动”(专家评课用语)荣获一等奖。这是我作为青年教师在更大范围得到专家和同行的认可，也是对我在教学艺术上不懈探索的激励。

当时，我在如东县中学已经第六次任教、第三次独立任教高三年级，有比较丰富的教学经验和突出的教学业绩。由于在 1994 年高考中所教政治学科取得南通市重点中学第一名的优异成绩，受到《招生考试报》的约请，在次年 3 月 7 日的《招生考试报》上以“高三政治复习如何提高学生素质”为题，从讲授、练习、批改、讲评四个环节，向全省介绍自己进行高三复习的经验和做法。此间所教 1995 届高三(2)班学生高考政治均分名列江苏省重点中学第一名。这一年我被如东县教育局评为“中学十佳青年教师”。

也就在这一年，我获得了南通市推选全国百佳思想政治课教师的提名，要提交一篇自我总结报告。我以“当一名优秀教师，我无悔的追求”为题，从“献身教育事业，是我执著的追求”“做一名好教师，是我努力的目标”“建设高水平的教研组，是我义不容辞的责任”和“不断学习、充实自己，是我最大的心愿”四个方面，对自己的工作进行了回顾和总结。自此以后，我经常以此激励自己。在其后的教学工作中，我一如既往地刻苦钻研，做到吃透、拓展、更新教学内容，在教学中做到深入浅出、高屋建瓴、紧跟时代，逐步形成“情境引入、问题链接、引导探究、回归建模”的课堂教学模式，取得显著效果，学生课堂满意度高，社会影响广泛。

屈指数来，我不知不觉指导过了 1987 届、1990 届、1993—2007 届、2010 届、2013 届共 19 届高三毕业班。直到现在，我对每一堂课都精心准备，对每一张讲义都细心校对，对每一位同学都认真负责，尤其是对每一届高三更是如履薄冰。“一分耕耘，一分收获”，这些年来的努力和追求，得到了学生、家长和教育行政主管部门的充分肯定。

年份	所获学术荣誉	授予单位
1992 年、1995 年	县级高中政治骨干教师	如东县教育局
1997 年、2000 年	县级高中政治学科带头人	如东县教育局
1999 年	南通市教育系统学科带头人	南通市教育委员会
2010 年	第六批南通市学科带头人	南通市教育局
2012 年	江苏省特级教师	江苏省人民政府

红花虽好，还要绿叶扶持。我的普通话和粉笔字为我从事教学工作起到重要的辅助作用。1998 年我在普通话水平测试中获得一级乙等。说起我学普通话，不能不说是“无意插柳柳成荫”。我生长在如东县新店镇(当时称永红公社，后改为汤园乡，现已并入新店镇)，十四岁上初中。那个年代物资匮乏，大队的高音喇叭算

是最高档次的文化设施了。每天早晨在上学路上，听着中央人民广播电台早间6:30的“新闻和报纸摘要节目”，播音员的优美声音感染了我，于是就一句一句地跟着说，不知不觉中就学会了普通话。虽然我直到高中毕业才跟班主任、教授语文的吴竹林老师学会了汉语拼音（这也完全出于偶然——我对吴老师查字典不用查偏旁部首而直接查拼音感到好奇），但这丝毫没有影响我对普通话的兴趣。由于这一特长，我在大学期间，担任过学校电台播音员。工作以后不久，在参加市教育系统“红烛颂”文艺汇演的节目排练的过程中，有幸得到从前线话剧团转业到如东文化馆的符美法先生的普通话朗诵的指导。1988 年和 1995 年，我两度获得如东县普通话朗诵比赛二等奖。此后，如东人民广播电台招聘主持人，很多朋友劝我去应聘。尽管当时电台记者、主持人比教师“吃香”，但我的专业出身和教育经历让我觉得更适合做教师，于是我毫不犹豫地放弃了这次机会。后来，征得学校同意，我担任了如东人民广播电台的业余主持人，主持新闻服务类节目，一时间在我所执教的学生中引起了不小的轰动。直到前几年我应邀到南通电视台担任新闻评论员，仍常常成为同学们谈论的话题。这让我真正体会到“艺多不压身”的道理。此外，我还在 1991 年获得如东县中学青年教师粉笔字板书竞赛第一名（平心而论，我的粉笔字在全校不算最好，但我的板书速度快，可以说既快又好）。这与我小学时张振民老师和顾桂莲校长非常漂亮的粉笔字的影响和自己的不断追求是分不开的。字如其人，这两位小学老师笃实、勤勉的为人处世方式也深深地影响了我。

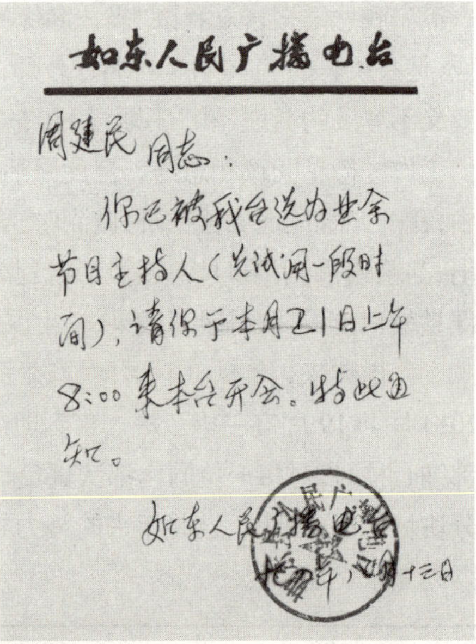
如东人民广播电台

周建民同志：

你已被我台选为业余节目主持人（先试用一段时间），请你于本月21日上午8:00来本台开会。特此通知。

如东人民广播电台

十三日

坚定的职业理想，厚实的职业素养，勤勉的职业态度，努力做一名教学的标兵，是我作为教师的工作不断取得进步的动力、基础和保证。

潜心研究，做科研的行家

作为教师，必须坚持学术研究，才能真正成为“行家里手”。教师的学术理论水平关系到自己的教学实践水准和专业发展程度。

1983 年 8 月,我被如东县教育局分配到县中工作。月底,我接到通知即前去报到。我当时有一种诚惶诚恐的感觉。虽说经过了大学四年的系统学习,我还是深感“先天不足”。这种感觉一直伴随着我的教学生涯,也促使自己一路前行,努力做到当行出色,决不能误人子弟。

我的高中与初中阶段一样,是在当时叫做“戴帽子”(即小学办初中、高中)的学校学习的,这与我工作以后所教的学生有天壤之别。当时即使是“工业基础知识”和“农业基础知识”这样的课程也开不起来,更不要谈什么物理、化学课了。师资严重缺乏,记得教我们数学的老师,刚从部队复员回到家乡,在树荫下面(那时是防震期间)给我们上了一堂课。由于天比较热,他的风纪扣又扣得严严的,再加上他非常紧张,一堂课下来,他满头大汗。还有一位老师,后来学校“不戴帽子”以后,他到乡里修彩电去了。但是,班主任吴竹林老师对我的语文学习和人生成长,帮助非常大。在我们高中的最后阶段,他一边辅导我们复习迎考,一边自己复习备考,我们一起参加了 1978 年高考。结果,他被录取到南通师范专科学校(今南通大学师范学院的前身),而我相差 7 分,未能被录取。但有机会来到如东县马塘中学学习。当时,如东教育局把当年高考落榜生中分数较高的考生与已达线但未能被录取的同学组织了一个班(文科)进行补习,当时称“中五班”(“中五”即中学五年级,因为我们那批学生中学只上了四年),办学地点放在了马塘中学,并专门配备了如东一流的师资(历史老师是借调的如东县中的李兴元老师。李老师知识非常渊博,讲课非常风趣,待人非常和蔼)。由于这个班在特殊历史条件下的特殊构成,同学们非常珍惜来之不易的机会,学习非常刻苦,挑灯夜战是常事。像我就经常在学校北面的桐本桥东侧河南岸的一个装卸码头的路灯底下背书,很少有半夜之前睡觉的。也由于回寝室很晚,即使是夏天到深夜天也凉快了,加上经济拮据和时间宝贵,直到高考我也没换席子(当时是 7 月 7、8、9 日高考)。“功夫不负有心人”,我们这个班在 1979 年高考中创造了辉煌,四十几个人的班级几乎全部上线,马塘中学补习班一夜之间全省闻名。我也以高出当年起分线 30 分的成绩被录取在江苏师范学院(今苏州大学)。这是我人生的重要转折。

这些非同寻常的求学经历是我一生的财富,也是激励我在从教之路上一路前行的动力。苏霍姆林斯基说过,教师只有走上从事研究这条幸福的道路,才能让每天的劳动给我们带来一些乐趣而不至于变成单调乏味的义务。2001 年起,我国开始第八次课程改革。思想政治新课程提倡“把理论观点的阐述寓于社会生活的主题之中”,“倡导开放互动的教学方式与合作探究的学习方式”。2005年江苏省进入课改,三年后的新课程第一次高考就将探究题作为政治试题独立的题型进入高考。因此,把握探究题的特点,推进探究题的实践,能有效地促进高三政治复习更加贴近新课程理念和高考要求,并在很大程度上推动教学改革的深入。于是我在深入研究了新课程及其教学评价特点的基础上,撰写了《用好探究题,让高三政治复习更加贴近课程理念和高考要求》一文,发表于2009年第1—2期《中学政治教学参考》。这是从1993年独立撰写的论文在学术期刊发表以后,我的论文第一次登上核心期刊。其间的16年中,我致力于高考复习与研究,屡有论文见诸报纸杂志。

我在新课程教学中发现,《政治生活》教材(人民教育出版社2008年版)对公民的选举权的界定存在三大问题:一是将选举权仅仅定义为选举人大代表的权利;二是将选举国家机关领导人的权利界定为选举政府领导人的权利;三是将选举基层自治组织成员的权利排斥在选举权之外。我想这在理论上和实践中都是一种缺憾。为解决这一问题,我跑遍了南通市的各类书店,查阅了大量的包括最新出版的高校教材和宪法学著作,它们基本支持教材的观点。唯有南通市人民检察院旁边的法学书店出售的北京大学张千帆主编的《宪法学》(法律出版社2008年版)中的观点比较全面,它指出:“中国当代的选举制度由两部分内容组成:政权的选举即人大代表及国家机关领导人的选举和基层自治组织的选举即村民委员会及居民委员会的选举。其中,有关人大代表的选举是选举制度的核心内容。”这样我的观点就找到了理论依据。于是,《对〈政治生活〉选举权界定的商榷》一文很快完成,并发表于《教学与管理》(核心期刊)2010年第7期。

2013 年 5 月 26 日，由中华文化促进会与太平洋文化基金会共同主办的“2013 两岸人文对话”在我校隆重举行。在国家督学成尚荣的主持下，我校与台湾复兴实验高级中学的校长和老师围绕“学生品德教育”这一主题进行了对话交流。我作为教师代表作了“德育课程与学生品德教育”的发言。在此基础上，我联系学校、家庭和社会的实际，查阅大量文献，就学生的品德教育进行了进一步研究，撰写的《品德教育的路径选择与评价探索》发表在全国中文核心期刊《思想政治课教学》。

有实践基础、深度思考和理论支撑的教学研究，是专业成长的必然路径，其成果对提高本学科教学质量无疑能起到积极的指导、引领作用。紧密结合教学实践，认真探求思索，做一名科研的行家，是我的不懈追求。

我将在德艺双馨的道路上努力前行……

关爱从“心”开始

符小斌

符小斌，中学语文高级教师，国家二级心理咨询师，家庭教育高级指导师。南通市教育科学研究中心心理健康教育兼职教研员，南通市家庭教育讲师团、南通市未成年人成长指导中心特聘专家，南通市心理卫生协会理事。曾获“师德标兵”“南通市第三十二届文明新风典型”等荣誉称号。

2009 年，南通中学挂牌成立了“符小斌心理咨询工作室”。从事心理健康个案咨询超过 3000 小时，做心理辅导方面专题讲座数十场。参加多期电台、电视台学生心理辅导方面的节目录制，反响广泛。

“心理按摩师”是孩子们对我的雅称，我以为也许是他们在与我的一番沟通后，感觉舒服了，自在了，心理能量增强了，心理如同被“按摩”了一般舒坦。

我从小丧父，是要强的母亲送我上学，伴我成长。十六岁时，为了跳出农门，我考入了如皋师范学校。三年后，又凭借优异成绩获得班级唯一的保送资格，进入扬州师范学院中文系学习。毕业后，分配到南通市天生港中学从事高中语文教学。2000 年调入南通中学担任高中语文老师至今。一路走来，要强的我常常因为同事间的人际关系而纠结，学生中的厌学现象、考试压力过大、亲子关系紧张等等也很是让我困惑。我意识到，心理疏导将成为教育人不可忽视的教育要素。

2004 年，在语文公开课获得南通大市一等奖第一名的情况下，我不满足于“吃老本”“安度时光”，利用一切可利用的时间，甚至是国庆、春节假期，起早带晚，在家人、领导同事的支持帮助下，我常年来往于听课的大学课堂与教课的中学课堂，奔波于图书馆与新华书店，专心学习，取得了“国家二级心理咨询师”（目前这一专业的最高等级）证书。为了不断提高自身，我还经常自费去北京、上海、苏州参加心理咨询专业培训，助我在心理咨询方面有所作为。

当前，家长、老师的期望值过高，常常给一部分孩子带来很大的压力，以致孩子无所适从，整日心情郁闷，学习成绩下降，和同学、老师关系紧张，甚至吃不下饭，睡不好觉，自己痛苦，家人着急；青春期的孩子常常面临着成长的痛苦，如果父母意识不到这一点，或者意识到了，却没有能处理好，都会给孩子带来伤害。我每年都要陪伴数十名孩子度过这样的关键时刻。

2008 年 3 月 10 日的中午，我去心理咨询中心值班，前脚踏进门槛，后边就跟来了一位学生，没等我回头，他就喊了一声：符老师！声音有些耳熟，回头一看，来的是我班上的学生——张某。他说：“我知道你今天在这儿。”看来他是有意到心理咨询中心来找我的，我邀请他坐下，真诚地说："你到这儿来找我，是不是遇到了不顺心的事情？是不是这个事情暂时还不想让别人知道？"他点了点头，为了彻底消除他的疑虑，我说："心理咨询师的职业规范，要求我们为每一个来访者保密，这一点我可以向你保证。"他又沉默了一会儿，声音很低地说："我爸爸和我妈妈不好了，准备离婚。"我说："难怪你会这样的难过，换了别人包括我遇上这样的状况也会很难过的。"他突然声音很高地说："最让我难过的是他们还瞒着我！"

我问他："那你怎么知道的？"他说："我的房间和他们的房间就是两道门而已，他们的争吵我听得清清楚楚，瞒着我，说是怕影响我高考。"

我进一步了解到他的父母亲都是知识分子，他们懂得孩子高三了，关键时刻，家庭氛围、父母关系会给孩子的考试以至身心发展带来影响。于是，他们把现实隐瞒着，还假装和美的样子生活着。

我又问他："你把你知道的事情告诉他们了吗？"他说："没有，我暂时不想告诉他们，我妈妈近来身体很不好，天天挂水要到11点才回来。我怕她又为我操心，身体更加不好。"说着，我看见他眼睛里有一种东西不断地在晃动，他带着哭腔说："他们那么爱我，怎么就不能给我一个完整的家？"他再也控制不住，握住我的手抽泣着，我没有打扰他，让他尽情释放心中的痛苦。

真是难为了一个18岁的男孩，出于对父母的爱，不想让他们过多地为自己担心，他也和父母一起演戏，而且配合得很好。可他毕竟是一个孩子，一个渴望父母能够恩恩爱爱、渴望拥有完整的家的孩子，他那稚嫩的肩膀、柔弱的心灵不能承受如此大的压力，不能理解成人世界里的情感纠葛。

就像外科医生打开了疮口，进行处理后要包扎一样，我也对这一次的咨询进行了小结，目的是帮助他从他认为的负面事情中看到积极的能量："从你的叙述中，我发现你爸爸妈妈很爱你，他们隐瞒你，是不想让你难过；从你的做法里，我看出你也很爱你的爸爸、妈妈，不想他们痛苦。我为他们有你这样的儿子感到高兴，你是一个真正的男子汉！"他站起来说："谢谢符老师，我终于把心理的郁闷说出来了。"看着他长长地舒了一口气，似乎放下了一个包袱似的走出了心理咨询中心，我却怎么也轻松不起来，我该怎么办？能不能、要不要把他的状况告诉他的家人？

第三天，他又来咨询中心了。

他说，他睡不好、吃不香，脑子里总像放电影一样，回放很多他小时候爸爸妈妈一起带他玩耍的情景……然后像是反复问我，又像是问他自己："怎么会变成这样呢？"听他流着眼泪倾诉，我听得眼泪也在眼眶里打转，有意长时间看天空，也不能让眼泪止步。我在想:谁能回答他这个问题?也许只有他的父母,我必须促成他和他们之间的一次直接交流。把孩子的现状告诉他的父母亲,让他们找孩子交流?那样有违我当初给他的承诺,很有可能将我们彼此间的良好信任关系一并摧毁,从此产生阻抗。最佳方案也许是孩子主动去找父母交流。于是,我对他说:“我们已经举行过十八岁的成人仪式了,我们是成人了,成人就得担当,担当我们预料到的和我们没有预料到的压力,对不对?我知道你渴望爸爸妈妈和睦,他们这样的状况伤害了你,更伤害你的是他们还隐瞒你,对不对?”他都深深地点了点头。

我便与他商量:“你可不可以主动找你爸爸谈一谈,把你心中的疑惑提出来,也许他会给你答案。”

他沉思了良久,说:“我担心,我找爸爸一谈,他看到我既然已经知道了,就真的去离婚了。”我说:“交流的方式有很多种,你了解你爸爸妈妈的脾气禀性,你认为怎样的交流会打动他们?”

他又思考了很久,用不能确定的眼神看着我说:“帮他们回忆过去美好的生活?”我认真的点了点头。于是我们一起商量,最终决定,他回去找出当年他爸爸妈妈的老照片,他们一起使用过、有特殊寓意的老物件,来帮助他们回忆。

咨询结束后,我决定打一个电话给他的父亲,让他有些心理准备。

第二天一大早,我像往常一样,站在门口迎接每一个学生,我看见张某同学面带笑意地、悄悄地向我做了一个V字形的胜利手势。第一节课的时候,他父亲就给我打来了电话,说昨天他们家的家庭会议一直开到深夜,儿子帮助他们回忆了以往美好的生活,他儿子的举动让他们很感动,以致流下了眼泪,他们意识到自己过去也许不够冷静,为了孩子,他们需要重新冷静地思考,他们会给孩子一个理想的学习环境。感谢我们、感谢学校帮他们培养了这样懂事的孩子。

高考前夕,我们在年级里做如何消除考试紧张、焦虑的辅导讲座。张某跑过来对我说:“符老师,那么大的压力我都走过来了,高考对我来说,真的不算什么了,你放心!”善解人意的他担心着我会为他担心。最终,他以优异的成绩考取了北京的一所高校。

2010届文科班有一位王姓男生。他因为处理同学间的关系有障碍,曾经找过我,自然就建立了比较好的关系。有一天,他告诉我,那天他在一位女同学家里玩(他们两人比较要好,女生是我的学生),突然,女生的爸爸回来了,他们很紧张,不知道怎么办。急中生智,男生躲在窗帘的后边,女生对她爸爸撒娇说,自己要吃肯德基,让父亲帮她立即下去买,就在女孩的父亲前脚踏出家门的时候,男孩也溜走了。男孩很得意地告诉我他的“壮举”,听了他的叙述,我心里一紧,男女生单独在家里，万一发生了不可逆转的事情怎么办？按照常规，我仔细地听他叙述，同时很郑重地说，真正的男子汉就是要有责任心，要懂得保护自己，同时也要保护自己周围的人，尤其是自己喜欢的人。他不住地点头说："我知道了，我明白了。"但我知道，他也许从思想上明白了，在一定情境下的行为会是怎样，我不能确定。成年人能够跟着思维走，但还常常是思维、理智必须尊重情感而不是战胜情感。像他这样处于青春期的孩子，不少还是跟着感觉走，要他完全地用理智战胜一切可能有一定的难度。我有责任调控外围的一些东西，尽量避免他们单独在一起。

可心理咨询师要求保守秘密，保护隐私。而教师的身份，又要求我将了解到的学生情况与学生的家长沟通。要处理好两者之间的矛盾还是有一定难度的。

我打了一个电话给女孩的家长，和他们自然不能说男孩说的那件事情，我只是提醒他们，他们的女儿比较讨人喜欢，可能更会讨男孩喜欢，女儿大了，做父母的要教会她如何保护自己，再加上离高考不远了，独自复习的时间比较多，尽量不要让小孩一个人在家里。聪明的父母，立即明白了我的用意。

出于对女孩的爱护，我也找她交流了，我也不能告诉她男孩告诉我的事情，我只能和她聊读书，聊中国的传统文化，聊中国的习俗，聊习俗中对男子和女子的不平等要求，聊我们的身体、心理，最后水到渠成地说，女孩要学会保护自己。女孩很感动地对我笑着说："谢谢符老师！这些话从来没有人和我说过，我的爸爸妈妈就只是问我的学习、考试分数。以后我有什么困惑可不可以来找你？"我自然是满口答应。一次看来随意的谈话，却给女孩留下了难忘的印象，也让我们之间建立了比较好的信任关系。两年过去了，在这期间，她常常会将学习工作、人际交往中的困惑通过网络、电话和我交流。今年暑假里，她对我说，我是她生命中的重要人物，一定要送我一件特别的世界上独一无二的礼物。于是，在苏大学设计的她，利用选修课上学到的知识，亲手做了一件饰物送给了我。虽然粗粗的链子在我这个年龄段的人看来像是给宠物戴的，颜色不够纯净的石材也绝对没有珍珠、翡翠贵重，但我知道她是用心按照她的审美标准，亲手做了一件她喜爱的东西，送给了她喜欢的老师。这份情谊无价！我很感动！

2011 届的杨某，父母离异，母亲投机心理重，把唯一的房子都输掉了，还欠着银行一大堆的债务，自己生活都没有着落，常年不管不问孩子。杨某跟着父亲，可父亲脾气暴躁，与女朋友关系不稳定，教养孩子的方式粗暴、简单。一次孩子考试不理想，父亲打了她，高三的孩子了！深更半夜，孩子披头散发，不知道向谁求救。结果是，孩子个性有了严重的偏差：在她的眼里几乎没有好人，说父亲是魔鬼是变态，在她面前不允许也不能提"爸爸"。我每个星期与她进行一次主题为"提醒幸福”的沟通，并不定期地与她的父亲沟通，帮助他改变认知，调整与孩子的互动模式。三个月后，孩子回家了，能够与父亲平静相处，后来考取了南通纺织工学院。

每年我还会陪伴周边学校如江苏省如皋中学、启东中学的一些学生顺利走过高考这段不寻常的日子。如皋中学的丁某在她的个人空间里写道：“……在压力逼迫下的高三，我最开心的就是去南通找符老师。不管之前的压力带来了多少痛苦，只要和符老师当面一谈，心里马上就像丢了包袱一样轻松。连有次送我去南通的叔叔都说，我去南通的时候一言不发，回来时就开始多话，而且越讲越开心。和符老师谈心会有一种很踏实的安全感。她讲话平等和蔼，所以我很容易把心里话告诉她。她每次给我的建议都很有效果。有时候我会把她教我的方法介绍给其他同样苦恼的同学，大家都觉得很有用。”

这样的个案，我做了很多！目前我的个案咨询将近4000小时。

我常常要利用晚上或者周末休息的时间来帮助这些孩子。不少家长总为孩子深更半夜打电话给我很过意不去。可我知道孩子内心非常痛苦，不是不得已他们不会在这个时候给我打电话，我会耐心地听他们诉说，一点点地帮助他们平复情绪。这样的电话，往往一打就是半个小时以上。孩子们常常是流着眼泪甚至泣不成声地打我电话，电话结束时，往往情绪都能平静很多。亲人、朋友、同事常常好奇地问：“这样辛苦为哪般？”我以为，虽然比较辛苦，但看到一个个孩子能走出痛苦郁闷，一个个家长愁闷的脸上露出笑容，我感到十分欣慰，同时也享受了成功的喜悦。我不过是在用行动践行着自己的人生信条：生命的意义不在于你得到了什么，而在于你做了什么。

我愿意用我的一颗爱心，用我的专业知识，去陪伴学生走过烦躁、郁闷、焦虑、紧张……走过人生的“雨季”，走在阳光明媚的青春岁月里。

平平淡淡才是真

姚　明

姚明，1955年6月出生于江苏如皋，中共党员，大学本科学历，1996年被评为中学高级教师，2002年被评为江苏省高中语文特级教师。从教36年，三次记功嘉奖，并先后荣获南通市第7届园丁奖、第8届感动南通教育十佳人物、南通市先进工作者、新疆伊犁哈萨克自治州民族团结先进个人等荣誉称号，2010被评为南通中学“难忘教师”。在省级以上刊物发表论文70余篇，出版《古典诗歌鉴赏》《苏教版高中古诗文评注》等专业著作。

就在写本文前不久，我正值60岁，担任2013级高二理科班主任，家长会时，有几个其他班的学生家长对着我指指点点，一个说那就是姚明，一个说怎么看着像个保安。同事转告我时，我淡然一笑，此类议论我听多了。因为我觉得，教师是普普通通的职业，教师的工作单调平凡，所以，教师对自己的生活保持平平淡淡的心态才符合生活的本真。

爱：岁课年功头发知

2007级高一我担任班主任兼语文老师。就在第二学期期中考试后几天，我发现一个个子挺高的男生头发有点特别，满头乌发似乎稀疏了不少。再仔细看，头皮处有不少红色疙瘩，我以为是一般脱发，就没往深处想。后来在一篇学生周记里，我了解到那个男生的头发竟然是自己因为考试成绩不理想，自己一根一根拔掉的。周记里说："姚老师，我们看到他焦虑的样子，甚至自己不停地一根根拔去头发，害怕极了。"

说实话，我尽管从教已经近三十年，也是第一次遇见这种特例，没有经验。我回想与这个学生和其家长的接触过程，感觉非常要好，他的祖母是我们学校的一位退休职员，对孙子的要求也尤其高，稍有波动就主动找老师深入研究，时常在教室外面窥望，在窗外观察孙子的上课情况。偏偏这个男生是用功型的学生，智力因素并不特别优秀。因为盼望孙子成材，考取通中高中部的暑假，已经在所谓衔接班补课，提前学习高一教材，所以刚刚进校一下子明显领先，但是到了第二学期，优势渐减，开始掉队，于是家长责备不已，孩子痛苦不堪，甚至对老师也有微词，这么好的苗子，怎么进了高中反而落后了？

这个学生显然需要减压，否则后果不堪设想，特别是高中还有两年的学习时间，更大的考验还在后头。我找这个学生谈心，疏导他，提醒他降低自我要求的标准，适当运动休息，改进学习方法。没想到这个男生的抵触情绪很大，说："我遇到的所有老师都是让我认真学习，把别人玩的时间也用来学习，你却还要带我出去玩，真没见过你这样的老师。"

我耐心告诉他，人是有极限的，学习要科学，要根据自己的特点安排学习。比如，他写字不好，潦草难辨，主要由于初中为了速度手里夹着两支笔写字，这样一下子可以完成两遍抄写任务，结果字写坏了。我允许他只要认真写一遍，会做的作业可以不做，难题可以第二天问老师以后再做；帮他研究各科学习方法，建立纠错本，以错题为重点攻克难点重点。劝慰他要有男子汉的胸襟，坦然面对学习上的潮起潮落；绝不以片面增加学习时间来取代提高单位时间里的学习效率；并建议他的祖母不要再到教室外面监视，家长也要给孩子减负。

效果开始出现了，这个男生渐渐适应自己在高中的定位，不再盲目攀比，心态趋于正常。尽管后来也有波动，高二又拔过“半次”头发（发现快，制止快，恢复快），高三完全正常，考取上海一所不错的财经类高校，现在英国留学。

教师对学生的爱，主要表现在工作的责任心上，学生困难时的一个笑脸，学生困惑时的一个眼神，学生痛苦时的一个鼓励，学生犯错时的一次谈话，你可能挽救的就是一个生命，一个家庭，一个鲜活的青年人的美好前程。我碰到许多意外情况：学生家长接到孩子被绑架的电话；女生找社会青年到学校打架，恰好我中午到教室巡视发现，那个社会青年居然跪在我面前；两个学生家长在孩子高三时闹离婚，甚至到学校吵架；家长因经济问题在孩子即将走进高考考场时犯事；不同国籍学生在自主招生前一天发生纠纷；父母长期偷渡美国，孩子高中三年未见父母一面……由于我对学生的爱，一种教师的责任心，这些都得到妥善解决，使学生得到较好的发展。

志：生平只负云小梦

从教以来，论文也写了几十篇，最得意的一篇论文是 1994 年 6 月发表在《中学语文教学》的 6000 多字的文章，其实也称不上什么论文，没有多少理论的阐述，就是分别从语法、修辞和逻辑等方面指出人教版高中语文教材的 60 多处错误，现在看来，有一两处是我自己孤陋寡闻说错了，贻笑大方。《中学语文教学》是人教社协办的刊物，雅量高致，不仅全文刊登，而且人大复印资料收录，人教版高中语文教材也在修订时部分采用了我的意见。我评高级职称以及特级教师，这篇论文的作用不小。

入行相当长一段时间内，我追求的是上课精彩生动，追求的是增加高考上线人数，追求的是培养高考状元，说实话，教学品位、理念、格调难以上档次。2002 年我被评为高中语文特级教师，再满足于以前的教学追求，自己都觉得难为情。怎样突破呢？理论建树非一线教师所长，我的强项就是教学积累、教学实践。语文教师最痛苦的就是教学效率不高，连学生都不重视语文学习，以为学不学无所谓。如果，能在语文教学的效率上做些事情，应该是有意义的。

语文教学千头万绪，面广量大，从何入手呢？我觉得，语文教学的核心是阅读和写作，阅读的重点是现代文，现代文阅读的难点在于思维的困惑，在于难以找到阅读与思维的内在联系，特别是有规律性的联系。如果囿于解题方法的研究，套路模板的研究，类似缘木求鱼，本末倒置。于是在几年实践积累的基础上，我发表了《读清楚、想清楚、说清楚》系列的8篇文章，都是谈现代文阅读的阅读方法问题，重点谈思维方法问题。

同样，以思维方法为核心，我又研究作文问题，运用科学思维方法，观察分析生活现象，发现作文的源头活水，有效解决学生思想幼稚、题材缺乏、情感淡漠、语言干瘪的通病。参与编写的作文教材在语文出版社出版，有关选材、构思、提升、修改的系列论文6篇也公开发表。

随着教学理念的转换、教学品位的提升，我逐渐认识到教材的重要性，同时现有教材存在不尽如人意之处，也催生了自己编写教材的想法。一线教师的最大优势就在于自己可以选择，我自己编写了现代文阅读的系列教材，在南通中学以及我支教的新疆伊宁县二中使用，特别是在新疆，在高三几乎主要使用自编的语文教材，取得很好的效果。我自己编写的选修教材《古典诗歌鉴赏》2012年由东南大学出版社出版，因其具有一定的实用价值，便于一线老师教学，得到一定的好评。

以思维为核心，重点抓阅读和写作，这可以说是我从事高中语文教学的志向所在，是我思考最多、下力最大的地方。近五年来，我发表的几十篇文章都是围绕阅读和写作问题展开，就是基于这个认识。人生有限，无所求方能有所求，志向决定方向，我做的不过是一个普通语文教师力所能及的事情。

智：为有源头活水来

我有一个书房，两个墙壁都是书橱，藏书排满整整10个双开书橱，有20年前花费800元购买的浙江古籍出版社出版的全套《精编小四库全书》，有从创刊号开始的全套《文史知识》，有南师大董志翘教授赠送的全套电子影印版《四部丛刊》，有人民文学出版社出版的全套《李太白集》《杜少陵集》《白氏长庆集》，四大古典名著甚至有几个版本。我喜欢每到一处就买书，去西藏，我买了湘西王陈渠珍的《艽野尘梦》；去新疆，我买了林则徐、洪亮吉、纪晓岚、祁韵士写新疆的诗文集；去武汉，我买了《马王堆出土文字考释》。书橱里的书就是这样积累起来的。

我读书下过一些笨功夫，如将人民文学出版社出版的余冠英主编的《唐诗选》

全部用散文改写，每年暑假将以前背过的诗词再重新背一遍，模仿廖序东教授的“古汉语语法分析”，逐一分析人教版和苏教版新课标必修教材里的全部文言文，其中苏教版部分定名“苏教版新课标教材古代诗文评注”，由学苑出版社正式出版，并且多次再版。

读书可以使语文课堂鲜活起来。一个喜欢读书的语文老师，上语文课时肯定不会出现学生睡觉的现象。2010 级学生秦辰晖在高三毕业前问我，“姚老师，我怎么还是看不透你，不知道你到底有多深多浅？”我说：“很简单，因为你现在读的书还暂时没有我多。”

2012 年 12 月，正是北风呼啸的寒冷日子，我接到通知，24 号启程去新疆进行为期一年半的援疆支教。可是 23 号上午，我还在南通中学我们班的教室里为镇江市高中骨干教师培训班的老师上示范课，课后还在图书馆报告厅做了一个讲座。这一安排是因为他们了解到，在一线上课的特级教师为数不多，所以希望我能上一节课给他们看看，并且特意把培训班的结业仪式放在我们学校。我讲的是苏轼的《赤壁赋》，正好我刚刚读完林语堂的《苏东坡评传》以及孙涛的《东坡拾瓦砾》，并且将同题材的两本书加以比较，所以可以深入浅出地从儒释道有机统一的角度分析黄州时期苏轼较为复杂的思想情感，听课老师觉得颇有新意，不落窠臼。正是由于读书，使我有了一些积累，能够应付一些紧急事务。

行万里路也是读书。读万卷书是读别人的书，积累的是间接经验；行万里路是自己直接体会感悟社会风土人情，是直接经验。前些年，我外出讲学机会较多，到过福建、海南等地，后来通过各种机会几乎走遍中国。我是南通援疆干部里唯一走遍新疆的人，尝过无法运出新疆的喀什“懒汉瓜”，那浓稠的甜啊难以忘怀；在塔克拉玛干沙漠目睹高空王子阿迪力走钢丝表演，在伊犁草原上骑过马，见过伊犁河水滔滔向西流淌，九月饱览喀纳斯和禾木图瓦族村庄的美景。我还去过英国，在英国伦敦亲历英国家庭主妇因为饮食文化的差异而对中国两位女翻译大发脾气。读书有效地帮助我有了立身讲台的底气。

真：有情天涯成咫尺

在55岁那年，我参加援疆支教工作，怀着真诚的心在伊犁河谷教语文。出乎意料，我与新疆学生也发生了矛盾。

在新疆支教期间，我任教班级的班长和团支书曾经与我有过一次认真的谈话。谈话内容是他们认为我对他们要求太严格了，有些适应不了，希望我对他们宽松一些。说实话，新疆的孩子是在自然状态下学习的，少有假期补课现象，家长几乎不过问孩子的学习，孩子们独立自主能力很强。时常一个学生不见了，一个星期以后他又出现在课堂里，原因仅仅是没钱了，去设法找钱读书。

就在我还没有把班干部的意见当一回事的时候，突然发生了一个女生接受不了我的批评的事件。那是上午最后一节课，一个女生上课歪着坐，手里做着小动作。高三的课很紧张，我就点名批评了她。没想到她大哭着跑出教室，回到寝室。我下课后没有急于回南通援疆工作组驻地吃午饭，而是去寝室找这个女生谈话。女生开始时抵触情绪很大，说连父母外公外婆都从来没有批评过她，我凭啥批评她。后来我耐心开导她，希望她把委屈全都说出来，并且让她的好友一起劝说。

慢慢地，这个女生看到我真心诚意，连饭也没顾上吃，有些感动。下了床，走出寝室，搀扶着我一起回到工作组饭堂，她与我共进午餐。我也向领导汇报了这件事，还电话联系孩子在伊宁市工作的母亲，母亲协助我教育女儿。这个女生后来告诉我，自幼父母离异，跟着外公外婆一起生活，既有溺爱，也有爱的缺失，所以情绪容易激动。我也检讨对她关心不够，方法简单，她也承认上课态度不认真，情绪失控。从此我俩关系特别好，我特别关心她，同学们说我对她就像对女儿一样。她看到我嘴角起水泡，特意送给我一只小苹果。这个苹果是我在新疆接受的唯一的学生礼物，我好久都没舍得吃。她上语文课也特别认真，高考顺利考入伊犁师范学院。

后来，南通电视台到新疆采访我，了解到这件事，想采访她，她正在乌鲁木齐打工筹集上大学的费用，接到电视台记者的电话，当天下午竟乘飞机赶回伊犁接受采访，亲口讲述一只苹果的故事。我和电视台的记者还赶到她的外公家——一个兵团团场退休职工的家里慰问，送去南通人民赠送的慰问金。我们相约，她争取考上南通大学研究生，到南通来继续深造。

我在新疆伊宁县二中教的这班学生，也明白我的良苦用心，理解我的一片真情。援疆最好的方式就是教育扶贫，一个学生考取大学，一个家庭就此会摆脱了贫困。在全体老师和学生努力下，这个班 27 个学生考取大学，而往年只能录取不到 10 人；语文均分达到 110 分以上。这其中，有我的真情付出。这期间，我的妻子手臂骨折住院，我也没有回家探望护理。真情援疆换来的也是多民族学生真诚的心，羊年春节，我又收到找我谈话的班长的祝福短信："姚哥，我们忘不了你！"

平平常常地做人，平平淡淡地生活，这是对我 36 年教师生涯、也是对我在南通中学 24 年教学生涯的一点概括。四顾我的同事们也都是这样做的，从这一点看，我远远不能称为"难忘教师"，实际上许多同事都可以成为"难忘教师"。但是我既然忝列首届"难忘教师"之列，我想，不如也借机整理一下个人经历和心路历程，隐去"难忘教师"的光环，以普通教师的本职、本色、本心，讲述自己立路在脚下之志，怀赤诚真挚之爱，增读书教学之智，存做人做事之真的亲身经历和体会，也许可以稍减心里的不安以及羞愧吧。

学生眼中的“超人”

卞秀凤

卞秀凤,1967年6月出生,中共党员,中学高级教师。1989年7月毕业于南京大学化学系有机化学专业。参加工作以来,多次被评为优秀党员、“168爱生老师”、优秀班主任,2003年被记三等功,2006年被评为南通市精神文明建设先进工作者,2010年被授予“南通市三八红旗手”称号,2010年被评为南通中学首届“难忘教师”。

“超人”这雅号，是学生对我的最高褒奖。我想，在学生们眼中，我的“超”，超就超在办事干练爽脆，工作热情高涨，精力旺盛，不知疲倦；超就超在虽是化学老师，但对文学、哲学、数学、物理等学科也粗通一二，每每在学生需要时总能给予点拨；超就超在我的化学教学深入浅出，驾轻就熟，成绩总是名列年级前茅；超就超在我用爱温暖学生心灵，启迪学生人生。

其实，我知道我并非超人，不过，我总想努力地自我超越。因而，我喜欢“超人”这个雅号，我为享有这个称谓而欣慰。我愿意把自我超越的故事告诉学生，与大家分享——

一个农家女儿苦读圆梦的成长经历

我出生在江苏海安农村，家里三个女儿，我老小，是长辈口中的“三丫头”。妈妈常年身体不好，两个姐姐在生产队也不能挣到多少工分，家境实在贫寒。1982年夏天，我接到了海安县中学的录取通知书，左邻右舍道喜之声不绝于耳，都说“鸡窝里飞出了金凤凰”。是呀，四个村子办的一所初中第一次有学生考取了县中，并且当地人都知道“进了海中的门，就是大学的人”，怎么不是喜事呢！家人和我在刹那的欣喜之后陷入了苦闷。母亲在屋里转来转去，嘴里自言自语，哪有钱上呢！哪有钱上呢！不如不上了吧！父亲坐在门槛上抽着闷烟，一声声叹息。我无助地和大姐二姐抱在一起……在漫长的沉默之后，父亲掐灭了香烟屁股，把它使劲地摔在地上，霍地站起来，拉着我的手说，三丫头，这学我们一定要上。人家想上还上不到呢，我们为什么不上？至于钱，你别担心，我就是一家家借，一家家讨也不会耽误的。那一刻我看到了父亲脖颈处青筋暴起。

刚坐进高中的教室，我时常走神，总是惦念着家人为我的学费和我每月九块四毛二的伙食费在如何奔忙。但我也知道我什么也不能做，只有把学习搞好才是对他们的最好报答。我把每一点滴的时间都花在学习上。我梦想着通过考取大学来改变自己的命运，让家人过上好的日子。在我松懈时，父亲挖河担泥时那青筋凸起的脸庞就浮现在我眼前，母亲劳累时那粗重的喘息声就会响起在我的耳旁；当我想打份肉菜时，大姐二姐笨拙地爬树采桑葚换钱的场景会阻止我伸出的手……

宿舍熄灯后，我站在宿舍楼前的路灯下背书。时间长了，老师和同学都知道那个在路灯下背书的女孩姓卞。偶尔有老师经过，他们总会关切地说一声，同学，别太晚啊，早点休息。冬天很冷，衣着单薄的我边背书边活动身体，从这盏路灯走到那盏路灯是二十五步，我来回地走着……语文尚老师走过我身边，把她的长围巾送给我，帮我围在脖子上。那是我学生生活中最幸福的时刻……

父亲照例是每月一次骑自行车来回八十多公里接我回家。回家的路上，父亲很自豪，一路上哼着不知名的小曲。遇到熟人，父亲总是高声打招呼：我把三丫头从海安中学接回家了。他尤其把“海安中学”四个字喊得特别响。每当这时，我总是由着父亲的性情。我想父亲一定觉得自行车后面驮着的是他的未来，是全家的希望。我常常会靠在父亲的背上昏昏睡去，醒来时，那个破旧但温馨的家已在眼前。

一个周六下午，父亲却没来接我，家里莫非有什么事情？我很惶恐。周日早上，我决定回家看看。坐公交车要花七毛钱，我舍不得。那时，生产队一个工分才二分钱，父亲一天劳作才挣十个工分。我步行回家，四十多公里的路程我走了一半就累得不行了。我斜靠在路边的草垛旁想歇会儿再走，可这一歇竟睡着了，醒来时已是下午三点多。我只好掉头往学校走去……父亲在宿舍前张望，我哭着扑到父亲的怀里。父亲轻描淡写地对我说，妈妈昨天又住院了，没什么大事。我没能接你，别怪爸爸！父亲见我哭个不停，他虎着脸说，别老是哭！我要你做的就两件事，一个是把学习搞好，另一个就是要学会咬咬牙不松劲，没什么难关过不去的。

是啊，父母没有能给我更多的物质生活，但生活的艰辛，父亲那咬咬牙不放松的生活态度造就了我坚强执著的品质，这笔财富让我一生享用不尽。凭着这种品质，我顺利完成高中学业并以高分进入南京大学；凭着这种品质，在大学里我继续做着“学霸”，曾以年级第一的成绩获一等奖学金；凭着这种品质，从工厂到学校，经历过一次次波折，但我总是咬着牙没放松，执著地前行。

一段责任与担当的人生历练

南大毕业后，我被分配到工厂工作。作为技术骨干，面对着企业不景气的重重困境，我没有被困难击垮。我先后担任过厂里技术科科长、研究所所长、车间主任，带领大家搞生产、搞研究、搞技改……是什么让我不辞辛劳地工作，我的回答只有一个，那是一份责任与担当。

从事教育工作后，这份责任与担当被赋予了新的内涵。这是一种对人的塑造和培养的工作，完全不同于工厂产品生产。我顿感肩上这份责任与担当的沉重。

芦泾中学是普教兼化工职业教育的学校。刚到校时，校长就语重心长地对我说，卞老师啊，你的教学任务很繁重呀，高分子化学、化工热力学、分离工程、化工传递这些专业课以前都是请工厂的师傅来上的，他们有实践但缺乏理论，学生不信服，课都上不下去。现在你来了，我很高兴啊，这些都给你，就是苦了你了。看到校长如此诚恳，我二话不说全部接受。

面对学生中那些常常令同事们头疼的“调皮捣蛋鬼”，我没有放任自流，而是在教育教学中倾注我的全部心血，和学生进行心与心的交流。有些老师怀疑，一个不是师范毕业的我“红旗能打多久”。可时间长了，他们发现，我所教的几个班纪律越来越好，学生越来越乖，成绩上升很快。同事们便啧啧称道。

学生们的话更是给了我莫大的鼓励。他们说，我们喜欢的是有责任心的老师。卞老师的人品和敬业精神让我们敬畏，卞老师的学识让我们折服。我们还有什么理由不好好学习？

1999 年上半年我到南通中学代课，暑期正式调入。为尽快适应普通高中教学，从一名职教教师向普教教师转型，1999 年上半年直至那年暑假，除了备课上课，我的主要精力集中在钻研教材和刷题上。那段时间我天天看书，做题到凌晨一两点，共制作了五百多张读书卡片，做了上万道题，从而对高中化学教学有了比较详细的了解。功夫不负有心人，我逐步融入到通中的教育教学中，一步一步成长为学生口中的“超人”。

2010 年 6 月初，我把学生送进了高考考场，7 月初帮助学生填好了高考志愿，这一届又圆满地画上句号了，到了该处理那件事的时候了。四个月前，医生发现我腹部长了一个瘤子，这种瘤子随时可能恶变，建议立即手术。可那正是我带着学生们向高考冲刺的时间呀，我怎能半途丢下他们呢？

暑假里，我收拾好衣物，瞒着同事和学生悄悄住进了医院。尽管再三吩咐医生护士要保密，但还是走漏了风声。第一个到医院看望我的学生是医生的女儿。我刚从手术室出来，人还处于半昏迷状态。学生看到我后立即放声大哭，她没想到那个平日里激情四射、永远不知疲倦的“超人”也会意识模糊地倒在病床上……

之后的日子，病房里的学生络绎不绝，他们有的是刚参加完高考的学生，有的是专程从外地赶回来的历届学生，还有在海外的学生送来了礼仪鲜花。花篮从病房内摆到走廊上……这一幕幕场景让我之前经历的所有苦痛都烟消云散。的确，是责任与担当给了我在教育征程中顽强前行的动力，是责任与担当让我收获着这一份份人生的喜悦。

在学生们看来，我这个超人兼具“侠骨”与“柔情”。“侠骨”表现在精力旺盛、教学业务过硬、业绩突出；“柔情”则是把爱浸透到对学生教育、管理的点点滴滴之中。长期的班主任工作经历使我认识到，班主任工作轰动效应难求，每天面对的是纷繁琐碎的日常事务。我正是通过这些看似细碎的日常工作，以和学生之间一次次的情感互动来达到润物细无声的育人效果，显出“超人”的教育情怀——

一次家访让孩子体会到家的温暖

2010 年 9 月，我接任新一届高一班主任。班上有个孩子的家庭情况引起了我的注意。据了解，该生五个月大的时候母亲病逝，她一直和外祖父、外祖母生活在一起。这个孩子的学习自觉性很强，成绩优异，意志品质坚强，从不因为自己是单亲家庭而变得自卑、忧郁、敏感甚至刻薄。她是一个让老师怜爱的孩子，我一直提醒自己要到孩子家里去看看，了解她的家庭状况、生活上的困难，总琢磨着能为她做点什么。

一学期里，我和孩子的外祖母经常电话沟通。电话里外祖母质朴的语言总是让我倍感心酸：“孩子没有妈妈，她回家常常念叨你就像妈妈一样。卞老师，我就把你当孩子的妈妈看待了。”

寒假了，终于有了闲暇，我想我该去看看我的“女儿”了。我给孩子买了一件翠绿色羽绒服和好吃的零食。从公交车上下来，我就看到孩子和爸爸一起在车站接我。我也不知道他们等了多长时间，心里很过意不去。但孩子很自然地拉着我的手说：“没事的，我家不好找，怕你会找很长时间。”孩子的手很冷，还有冻疮，让人心疼。

到了楼梯口，一位老人在等我，是孩子的外祖母。老人家满头白发，没有一根青丝，这是老年丧子的打击和抚养第三代的艰辛烙在她身上的印记。

孩子住在老式楼房的顶层，是一种两室半的结构。我知道这种老房子没有隔热层，顶楼是夏天热冬天冷。卫生间很小，冬天孩子要到外面公共浴室洗澡，很不方便。我看了孩子的书房，写字台上好几堆书，垒得高高的，但很整齐，看来孩子的学习是很有条理的。外祖母把最大的房间让给孩子住，孩子怕冷，床上铺有三层被子，血浓于水的亲情体现在房间里的每一个细节上。

坐在沙发上聊天，老人恨不得将家里所有好吃的东西都拿出来招待我，我很是过意不去，觉得自己的家访惊扰他们了。孩子告诉我，寒假作业已经全做完了(放假才六天呢，效率真高)，接下来想做一些复习、整理和预习工作。我很高兴，孩子的学习不要大家操心。老人和我聊孩子每天的作息时间、饮食习惯以及孩子的喜好等等。老人反复说，他们的生活还过得去，身体还行，唯一遗憾的就是孩子缺少母爱。在交谈中外祖母自始至终拉着我的手，几次说道，你对孩子的关心孩子都懂，孩子把你当妈妈看，你就是孩子的妈妈呀。听了这话，我心里很忐忑很惭愧，我还做得不够，很不够。

我在孩子家待了半天，和老人聊天时，孩子总是安详地坐在一旁，脸上荡漾着幸福的笑容。看到这种温馨的场景，我暗下决心，以后哪怕再忙，我还要来，哪怕帮孩子洗洗头，和孩子聊聊天，陪孩子逛逛街，总之是做妈妈和孩子一起能做的所有事。

家访后我一直在想，教师对单亲家庭的学生，要给他们更多诚挚的、发自内心的爱，让他们能感觉到集体的温暖，在爱的天空中享受人间的真情。

一次“密谋”化解了一场亲情危机

班上有一个男孩长得很帅气，喜欢唱歌跳舞、打篮球。后来，他早恋了。父母发现了他的秘密，但没能和他好好交流，双方很对立，孩子吃好饭后就钻进房间反锁房门。一次争执中，孩子用刀割破手腕以示抗拒。儿子上学后，父亲干脆把儿子的房门卸了，他认为是房门让他与儿子之间有了隔阂。妈妈想想害怕了，儿子晚上到家发现房门没有了，不知道又会做出什么过激行动。接到孩子妈妈的求助电话后，我说，拆了就拆了，这次你们不要让步，我们一起演一台戏。我晚上会送孩子回家，你们如此这般。

放学后，我对那孩子说，我今天正好有事要办，和你同路，我们一起走行吗？他有点诧异，但没有拒绝。

我们边走边聊行吗？他没有反对。

我和他说起班上另一位孩子的故事。那孩子曾找过我，希望我能安慰他的妈妈。他心痛他妈妈，妈妈与爸爸分手后一直一个人生活，对孩子一直很内疚，觉得没有给孩子完整的家庭，不能及时给孩子母爱，经常一个人流泪。孩子担心长此以往，妈妈身体要垮了。

说完这个孩子的故事，我问他，你没有想到在我们身边还有这样受煎熬的孩子吧！他点点头。

我趁机说，听说你父母事业做得很不错，在单位口碑很好哎。尽管他们有许多应酬，但一般总是拒绝，因为家里有高三考生嘛。尽量回家与你一起吃晚饭，希望能与你多交流。

他笑了，很骄傲地说，是的是的。

我感慨地说，做父母的都不容易啊！对孩子总有操不完的心，但孩子呢，有时就是幼稚、自私，过度消费父母的爱。他沉默不语。

一路上我和他聊的都是他身边同龄人的事，当然也涉及早恋的话题。我告诉他，喜欢一个女孩子是他这个年龄的男孩再正常不过的事情，但是要正确处理，不能耽误学习。

就这么一路聊天转眼就来到他家楼下，这时他父母按照约定，在路口焦急地张望。爸妈看到我很是欣喜，邀请我到他家坐坐。我顺水推舟地说，好吧，我就参观一下孩子的学习环境吧。

一进门，我第一眼看到的就是拆下的房门，孩子也是一愣。我抢先说道，你家和我家是一样的呢，我儿子房门锁坏了以后一直没修，后来干脆把门拆了。孩子爸爸尴尬地说，早晨发现门锁坏了，折腾了半天也没能弄好，就索性把门先卸了，还没有来得及装呢。儿子，等爸爸忙过这一阵子，重新买把好锁装上去，行吗？儿子狐疑地点点头。

第二天我表扬了孩子，你昨天真是男子汉，很给老师面子，没有对爸妈发脾气。他笑着说，拆就拆了吧，这样他们放心，我也能定神冲刺高考。

孩子变了，心无旁骛，高考发挥不错，考上了985高校。开学前，他一个人专门来看我，要我请他到食堂吃饭，要我拥抱他。他说，和同学们一起来的话，没有机会和我单独交流。我们聊得很好，当然也聊到房门事件，大家会心一笑。

一个约定让孩子重拾学习信心

班上有一个男孩胆小、腼腆，成绩不理想，很自卑。到了高三，学习紧张了，孩子在家很焦虑，常常暗自流泪。我知道这孩子主观上是很要好的，但是思想上存在惰性，学习效率低下，不能及时完成作业，作业质量也较差。

高三寒假前，我把他叫到办公室。我首先肯定他的长处，比如字写得漂亮，值日工作做得好，同时也指出了他的缺点。我和他一起制订了假期学习计划，计划中包括每天必须完成的硬性作业、整理的内容、弱势科目强化训练等；制订了假期作息时间表。

我们订立了一个约定，假期21天中，我们以三天作为一个小周期，三天一次电话联系，要么他打电话给我汇报三天计划完成情况和自己的收获，要么我打电话进行询问。

就这样，我们履行着约定。起初，他打电话时，声音是文弱的、胆怯的，渐渐地声音大了。计划完成顺利时，在电话中竟表现出些许的得意和自豪。寒假结束后，他不但很好地完成了假期作业，还主动把一些学习内容进行了归纳整理。我对他假期的表现很满意。

开学后，我一方面帮助孩子制订高考前的学习计划，另一方面与任课教师沟通，为孩子量身定做各科练习题，做到难度的层层递进，让孩子在巩固基础知识的同时，重拾学习的信心。

孩子变了，人阳光了，成绩也进步了，但电话约定依旧。在双休日的上午，在夜深伏案疲惫时刻，我的电话会时不时地响起，悦耳的电话铃声总是让孩子为之一振。难怪孩子说，在家里看到电话机，即使它不响，我也会感到一股无形的力量在催促我，感到一双无形的眼睛在期盼着我。孩子坚强地走进了高考考场，顺利考进了理想的大学，我看在眼里喜在心上。

有时，我想，这一个个孩子来到我的班上，其实就是我和孩子、家长的一个个约定。

一次次爱心奉献彰显师道的光芒

我班主任工作中的“一次次”还有很多很多。逢年过节，我把藏族学生带回家，为他们做可口的饭菜，帮他们洗头，给他们补习功课；在不伤害贫困家庭孩子自尊的前提下，给他们送去儿子的全新或半新的衣服；学生生病住院，我会像妈妈一样守在病床前……这样的“一次次”，架起我和学生们之间的心灵桥梁，构成了多少动人的教育场景。

我把爱给了我的每一个学生，但我也不忘记社会上那些需要关爱的孩子。我资助安康市梅子铺镇通康希望小学的黄苇小朋友六年，使她顺利完成了小学学业；我与汶川地震后来南通治疗的都江堰聚源中学的高科同学结成对子，给他物质和精神上的帮助和支持；我帮扶南通大学理学院 2010 级河南籍学生高祝静同学三年，给予她家的温暖……藏族学生卓玛毕业离通回藏前，悄悄写了一张纸条放在我的桌上：“卞老师，你的心灵比哈达更纯洁。”高科同学伤愈回川后发来短信：“我在南通有个家，我会想念你的。”高祝静同学毕业临走时含着泪说：“我没想到，我在南通还有一位亲人，这是我大学四年的意外收获。”

我把爱给了孩子们，正是这种无私的爱凝聚成班级的集体力量，我所带班级班风正学风好，追求学问与人品同步发展成为班级学生的自觉行为。在学校难忘教育主题活动中，我以“感恩”为主题的班会课——“今天你最感激谁”得到了时任中宣部刘云山部长、教育部陈小娅副部长的高度评价，在校内外产生了较大的反响。在南通中学担任 15 年班主任，每年都被学校评为“优秀班主任”，所带班级一直是“文明班级”。

我就是这样的人，把我的全部精力和爱奉献给了教育事业，给了我的学生，我无怨无悔。从教 20 多年来，学生对我的称呼经历了从“卞卞”、“卞姐”、“卞妈”到“卞奶奶”的演变。称呼的变化见证了时光的流逝。但这么多年来，在学生口中有一个称呼始终未变，那就是“卞超人”。是的，我以旺盛的精力投入教学，我用强烈的师爱关心学生，我愿始终做一名“超人”，永不疲倦地乐耕在通中这块教育沃土上。

用心血铺设学生通向成功的阶梯

刘秀莲

刘秀莲,中学高级教师,南通市区高中生物中心教研组副组长。获得过市优秀教育工作者、市文明教工等荣誉;在教学比武和论文竞赛中,曾获得南通市高中生物教学比赛一等奖,江苏省新教材说课比赛一等奖,江苏省教学论文一等奖、二等奖,南通市教学论文一等奖。多次通过电台、电视台、网络等媒体为学生做高考辅导。辅导学生参加中学生奥林匹克生物竞赛,多次获得全国一等奖、江苏省一等奖。担任首届西藏班班主任,被学生亲切地称为“汉族妈妈”。

从教30多年,我的学生遍布全国乃至世界各地,我也获得了不少荣誉:教学比赛省一等奖、教案说课比赛省一等奖、论文比赛一等奖等等。回顾往事,我的人生与工作、学生息息相关。在这里与大家分享我生命中的六个瞬间,或许从中能看到我人生的足迹。

一、高考失利,阴错阳差上了师范

上高中时,我是班上的数学课代表,但我最喜欢的科目是历史和语文,尤其对古代文学几乎达到痴迷的程度。语文课上,同学中有边听边做其他作业的;有的走神甚至打瞌睡的。可我始终认真听讲,觉得上语文课是一种享受。那时书店资料贫乏,我跟语文老师借阅《古代文学精选》《唐诗宋词》等等。我还坚持预习,摘录优美的词句,背诵诗词……那时我的理想是成为文学家。文理分班时我选择了文科,可是父母和老师都强烈要求我选理科,那是20世纪80年代初期,刚刚恢复高考制度不久,社会上流行的一句话是:学好数理化,走遍天下都不怕!老师说:你选了理科一样可以热爱语文,大学里还有大学语文呢!我无奈地选择了理科,毕竟我才15岁。由于我的语文和数学基础较好,成绩始终在班级名列前茅,我憧憬着可以考上一所综合大学。

高考来临了,在高考的前一天,不知道什么原因我突然发热,头昏脑涨,浑身无力,吃药打针似乎也没有什么效果。三天的高考我都是在浑浑噩噩中完成的。我灰心到了极点。人生中第一次感到茫然无措,失声痛哭。高考成绩出来了,我的分数仅仅高出本科起分线9分。这个分数填报志愿很尴尬,结果我被调剂到徐师生物系。我想放弃,第二年重考,可当时的政策是:高考录取后不去注册入学的,三年内不得参加高考。这就意味着我只能在就业和读师范中选择,于是我只好去学校报到学习。

二、初出茅庐,对教师职业渐行渐爱

大学毕业了,我被分配到家乡的一所中学任教。那年我20岁,个子不高,长着一副娃娃脸,经常被误认为学生。第一次上课,站在教室门口,看着教室里高个子的男生们在嬉戏打闹、大声喧哗,我有点发愣,班长走过来问:“你是新来的吗?”我点点头,他指着第二排的一个空位子说:“那你坐那里吧,等老师来了再调整。”我说："我就是老师，是你们的新班主任。"班长瞬间石化，眼神中流露出惊讶还有质疑。那个眼神给了我很大压力，同时激活了我挑战困难的勇气。我一定会当好他们的老师，一定要做他们信任、爱戴的班主任！后来还发生了许多被误认为学生的事，最夸张的是：一天下午，我 2:15 进学校，在校门处被学生处主任拦住，不等我解释，他就口若悬河、滔滔不绝地批评教育我：作为学生应该遵守学校纪律，应该以学业为重，怎么可以迟到呢！你看迟到了，老师前面讲的内容你就没有学到，你现在进教室还会影响班级课堂教学，如果大家都像你这样，学校还像学校吗？学习要勤奋刻苦，而你居然上课还迟到！如果你每天迟到 15 分钟，那么……他的语速既急又快，我根本插不上话，每批评一下还会习惯性地问我对不对，我只有点头的份。大概 20 分钟后他忽然问我："你是哪个班的？"我才有机会开腔："主任，我不是学生，我是老师。"直到现在我还记得他那凝固的表情、越瞪越大的眼睛，以及后来忍俊不禁的大笑。那样的我想建立威严的形象很显然是不现实的，于是我决定走"亲民"路线，开始跟学生一起上晨读、自习课、活动课，班级有活动我也是其中一分子，而且要完成分配给我的任务。渐渐地我成了他们的同学、朋友，我不像班主任更像他们的班长，我甚至跟他们一起学习其他科目，一起完成作业，讨论问题。一次，积淀的语文基础帮了我的忙：语文老师布置学生背诵《琵琶行》，大家怨声载道，都说诗文太长，难以完成，要求我去跟语文老师说情，取消这项作业。我说："大家静一静！"接着，我大声背诵起来："《琵琶行》，白居易。浔阳江头夜送客，枫叶荻花秋瑟瑟……"我一口气背完了这首长诗，全班惊呆了，隔了好久响起了经久不息的掌声。

在我的带动下，我们班语文成绩稳居年级第一。渐渐地我成了学生的良师益友，我也找到了人生努力的方向：当一个优秀的中学教师，培养优秀的人才。慢慢地我喜欢上了教师这个职业，我会因为学生的一点进步而兴奋不已；会因为学生的错误而痛心；也会因为部分学生的成绩落后而揪心；还会因为教学中的一点收获和积累而高兴……

三、自我提升，实现新教师向骨干教师的升华

当我爱上教师这个职业后，发现自己存在很多不足：知识储备不足、教学基本功不够扎实、驾驭处理突发事件的应急能力不够。我订阅了《生物学通报》《中学生物教学》《生物学教学》《中学班主任》等相关杂志，潜心学习。同时，向老教师学，听他们的课，不仅听生物课，还听物理、化学、历史、地理、语文和数学，记录听课内容，写听课札记，从中吸取营养，拓展教学思路和教学方法。我还开始写工作札记，不断吸取教训，总结经验，使教育教学效率得到有效提高。下面是我的两份札记：

最近天气渐暖，下午第一课学生的学习状态不佳，打瞌睡甚至睡觉的都有，还有部分同学虽然在听课，精神也处于萎靡不振状态，我上课时总要反复提醒他们打起精神，提问那些要睡觉的同学，可是效果不是很理想。今天下午第一课，我去听黄志老师的语文课，走进教室同样看到许多学生处于昏昏欲睡状态，黄老师说："同学们，你们知道南京市长是谁？"学生开始议论，有的说："老师为什么问这个问题？"有的说："难道南京市长来我们学校啦？"大多同学在摇头："不知道。"不知不觉中大家开始兴奋，黄老师继续说："这是个脑筋急转弯的问题，谁能猜到？"还是没有人回答出来，黄老师说："我来公布答案吧，是江大桥。因为坐火车过长江时，你能看到那里的标语：南京市长江大桥欢迎您！"全班："哦……！"结果学生的睡意全无，课堂效率很高。

以后，我要用不同的方法调动学生的激情、思维，提高课堂效果。

1985 年 4 月 26 日

今天下午活动课上，李建军和赵峰因打篮球发生矛盾，最后打起来了，李建军的鼻子被打破了，流了不少血，在医务室里，我生气地批评赵峰："你怎么搞的？一直要求你们要团结友爱、亲如兄弟，你把老师的话当耳旁风了？你看，现在闯祸了吧！你要认真反省深刻检查！"赵峰不服气地说："是他先打我的，他也应该写检查！"我说："你打伤人了，不后悔吗？

还要强词夺理!”赵峰:“反正谁打我,我就打谁!”我更生气:“难道你被狗咬了,你也去咬狗?”赵峰愣住了,李建军却生气了:“老师:这不是把我比作狗了吗?太伤人了!”我赶紧解释:“对不起!对不起!老师不是这个意思。”……

我觉得自己处理突发事情的能力有待提高,教育学生要注意语言艺术,不能乱打比方。

1985年5月10日

经过几年的学习和积累,我的知识面、业务能力得到很大的提升;对教学方法的应用逐渐灵活自如,并逐步形成了自己的教学风格;应对突发事件能力日渐成熟,在老师和学生中的口碑越来越好。

四、春风化雨,用坚持和不放弃改变了一个孩子的一生

我担任过一个体育班的班主任,全班50人,4个女生,46个男生。大多数学生的文化知识相对薄弱,而且有厌学情绪,而在体育专业训练时又有怕苦畏难的情况。班上有一个学生叫季H,上课迟到,作业不交,考试不及格,脾气暴躁,经常跟同学打架,对老师的批评教育不屑一顾。我两次去家访都没有碰到家长。邻居告诉我:季H是一个单亲家庭的孩子,父亲是农贸市场卖猪肉的,脾气暴躁,对儿子非打即骂,季H上体育班的目的就是能够打得过父亲。了解这些情况后,我到农贸市场找到季H的父亲,通过交流知道季父只有小学文化,不知如何教育孩子,在季H小时候,其母亲就离家出走,从此杳无音信。由于缺乏母爱,缺乏管教,季H慢慢变得犟了,而且染上了不良习气:抽烟、喝酒、打架,甚至洋洋自得地说:“我一定会做黑社会老大!”我觉得季H的成长中最缺乏的是真正的关心、关爱,于是放学后将他留下来谈话,谈话中发现季H其实是一个有理想、有思想的孩子。但是由于基础差,他缺乏信心。我告诉他:“只要努力,就一定能实现自己的理想,老师会全力以赴地帮助你。”第二天,季H上课没有迟到、课上没有睡觉,放学时我告诉全班同学季H同学是一个有理想、有抱负的人,全班同学报以热烈的掌声。

然而,好景不长,半个月后他又开始恢复原状,在外面打群架被带到派出所,我把他从派出所带出来后,跟他进行了三个多小时的谈话,从现实到理想、从行为到后果、从家庭到社会、从现在到未来等等。第二天,季H交给我他熬通宵写的检查和反省,保证从此改过自新,认真学习好好做人,检查深刻、态度诚恳。

从此季 H 像换了个人:学习勤奋努力,训练不怕苦不怕累,尊敬老师,团结同学,主动为班级服务。我也时刻关注他,适时给予鼓励、引导和教育。通过三年的努力,季 H 最终以优异的成绩考取了一所重点大学的体育教育专业,从毕业到现在已经十几年了,每年教师节我都会收到季 H 送的一束鲜花。这束鲜花也在提醒我,只要坚持、不放弃,就一定能改变那些学习上、思想上、态度上后进的学生,最终成为优秀的人。

五、精心培养,实现孩子的奥赛梦想

完成本职工作的同时,我还兼奥林匹克竞赛辅导工作。由于奥赛几乎涵盖了大学所有的课程,对专业知识要求很高,学生在学习时也困难重重,一堂课下来往往是一知半解,常常大多学生都会知难而退。为了培养学生的学习兴趣,培养他们的生物科学素养,我认真研究生物奥赛大纲,重拾大学教材,结合中学教材的起点和中学生的认知特点备课,往往一堂辅导课要备课 7 ~ 8 小时。2004 年,以於锡龄主任班上的董张及、马寅为代表的 18 人通过了初赛,初赛与复赛的时间间隔一个月左右,从初赛名单出来后开始,每天放学后我就跟他们一起复习,查资料、做练习,每天按计划完成任务。为了更好地复习,我还邀请了通大的谢焕松教授给他们讲解植物学,指导植物解剖学实验;邀请王教授讲解动物学,指导动物解剖学实验;邀请崔教授讲解微生物学;邀请季本华教授讲解分子生物学。所有这些活动都在放学后及周末完成的,我全程陪同,听完课后还要跟他们一起理解、消化,可以说整整一个月的时间,我所有的时间除了完成正常的教学任务外,都花在竞赛准备中了。一个月的努力,不仅让学生们的生物学知识得到了大幅度提高,而且培养了他们的自学能力、严谨的科学素养和吃苦耐劳的精神,最终有 8 人获得省一等奖,董张及获得了全国一等奖。

六、大爱无痕,用爱心浇灌美丽的格桑花

2010 年,我担任了通中首届西藏班的班主任。与藏族孩子朝夕相处,藏族孩子的淳朴善良、活泼好学深深感染了我。我悉心帮助他们克服生活中、学习中、思想上的各种困难,使他们逐渐成为热爱党、热爱祖国、热爱人民、热爱家乡的德智体全面发展的优秀的高中毕业生。

远离家乡的孩子们最渴望的是父母的关爱、家的温暖。在接他们来到学校的第一天，我就告诉他们："在这里我既是你们的老师，也是你们的父母、朋友，遇到任何困难都可以找我，我一定会尽最大的努力帮你们解决！"班上的旦曾同学来到学校的第二天早晨，腹部剧痛，我带他到医院看医生，被诊断为急性阑尾炎，需要立即住院手术，征得家长的意见后，我为他缴费办理了住院手续，并且在手术同意书上代替家长签了字。手术很成功，在旦曾住院期间，我每天到病房探望，给他带去营养品，亲手做的饭菜、煲汤。每天安排学生给他补课，旦曾父母非常感动说："非常感谢老师！您比我们父母做的还要好！"旦曾也激动地说："谢谢老师！我一定努力学习，听老师的话，争取成为一个优秀的人才。"

陈雪媛生水痘，需要隔离，我把她接到家里住，小区保安问："这是谁？"回答："我女儿，可爱吧！"我看到本来因为生病而精神萎靡的陈雪媛脸上露出了灿烂的笑容。

陈雪媛是东乡族，不吃猪肉，也不吃鱼和虾，只吃牛羊肉，而我就是不太会煮牛羊肉，于是我请教同事，上网搜索，还拉着她一起研究，当飘着香味的牛肉出锅时，我们俩一起开心得蹦起来。三年的朝夕相伴，三年的辛勤付出，孩子们把南通看成了自己的第二故乡，他们都说："刘老师就是我们的汉族妈妈！"一分耕耘一分收获，三年的努力终于取得了丰硕的成果：高考中，全班所有的学生的成绩远高于本科录取分数线，都被重点高校录取了。

当一名理性的守望者

刘伟忠

刘伟忠，南通中学教务处副主任，南通市直学校学科带头人。先后获得南通市优秀教育工作者、南通中学首届“难忘教师”等荣誉。从教二十余年，坚持以人为本，关注学生终身发展，所带班级曾获“江苏省先进集体”称号；以发展学生思维素养为追求，形成了“注重过程，探究策略”的教学风格，执教班级学生高考曾获江苏省第二名、第四名、第十名。先后主持或参加多项省级以上课题的研究，在省级以上刊物发表论文二十余篇。

情结与情怀

似乎有宿命的归依，教师之于我，简直就是近于天赋式的恩宠。教师成长固然有赖于好的环境，但更重要的取决于自己的心态和作为。我来自农村，父亲当年“不要误人子弟”的那句叮嘱，把执著追求和脚踏实地的精神植入了我的生命——我坚信，社会是课堂，实践是砺石，他人是吾师，自身是关键，只要务实肯干、积极进取、开拓创新，就会在现实生存的土壤中找到自己的生长点，并以自己的成长影响周围。二十多年来，不管在哪里，我始终埋头做事，任劳任怨，因踏实而成为业务骨干，因勤勉而显出自身价值。

我始终相信，优秀的课堂是“炼”出来的。刚从大学毕业出来，走进课堂总感到有些局促和紧张。为了让自己的课上得更好，我不仅从不放弃学校安排的任何锻炼机会，还经常邀请专家来帮自己“练功”。渐渐地，我在学校和地区有了一定的知名度，在收获自信的同时更获得了前进的动力，开始更加自觉地反思自己的课堂，专注于自我锤炼。教学近 30 年，“不重复过去”是我一直遵循的原则。我的教学设计总是随时间、环境、学生等因素的变化而进行调整，乃至动大手术，绝不“克隆”“复制”。无论是日常教学，还是上公开课，我都着力让自己的备课体现出对学生、对教材、对教学理论的最新认识。

浓厚的教育情结，务实的教育实践，使得我在多年的教育工作中小有收获。在长期的教学实践中，我始终以发展学生的思维素养为追求。通过多年的不断探索、总结，初步形成了“注重过程，探究策略，师生互动，教学相长”的教学风格。结合学生实际精心备好每一课，重视获取知识的过程，重视问题情景和解题思路分析，注意对学生科学素养、发现问题、分析问题和解决问题能力的培养。参与提出并努力实践“问题引领　自主探究　互动合作　知情融合”课堂操作范式。师生配合默契，教学相长，执教班级的学生具备良好的数学学习素养。因而，我在数学教学中取得了一定的业绩，近十年先后有三位学生在高考中取得江苏省前十名的优异成绩。

感悟与感奋

问过很多教师，我发现这样一种现象：年轻教师初为人师，他们常常为找不到感觉而苦恼;中年教师困惑于感觉,以为三五年以后,自己就是教学的能手,其实连熟练工都谈不上,他们发现,曾几何时,自己的那点表皮的感觉是那么靠不住,甚至不怎么相信自己的感觉;老教师反思感觉,几十年的教学经历让他们有了相对成型的教学模式,他们常常发出这样的感叹:教学这个东西,怎么越教越不知道怎么教呢?

其实,我们的一些感觉并不是错觉,不过是我们很少去感悟罢了,即使是有所感悟,也缺乏感奋的勇气和信心!有鉴于此,我们应该找到感觉,学会感悟,践行感奋!

丰厚内涵,勤奋读书。我一直信奉“万般皆下品,唯有读书高”的界定,觉得疏离浮躁,于宁静淡泊中用书墨清香来涵养我们的精神世界,这该是人世间最纯净、最庄重的事情,是人生的一种大幸福。尤其是作为一名教师,一名优秀的教师,更应该用读书和思考来拉长、提升和高贵我们在三尺讲台上的生命质量,让书卷的馨香来熏陶、濡染我们的孩子。因此,我不仅时常阅读与数学专业相关的期刊报纸、关于教学理论方面的经典,关于人文方面的著作,我也总是置于案头床边,繁杂之余能够静下身心从中读出些意味来,并以其沉甸甸的质感丰厚我的课堂,丰沛学生的心灵。

提炼升华,探索实践。经过长期地阅读,积淀,思考。慢慢地,我具备了较强的教科研能力,曾先后参与五项省级课题研究,作为课题组核心成员,在省级以上刊物发表论文二十余篇,多次应邀赴江苏南京、陕西咸阳等地为高中数学教师做专题讲座,反响良好。

成长与成熟

我相信,“爱就是教育”。在我眼中,学生是一个个有着丰富个性、独特精神世界的鲜活生命。我总是善意地看待和评价学生的天性和行为,对每一名学生的发展都充满信心。我努力培养学生拥有明确的目标、健康的心理、健全的人格、顽强的意志、健壮的体格和良好的学习品质,形成了一整套行之有效的育人方法。我先后帮扶资助了数十位家境困难的学生,在精神上给他们鼓励,在生活上给他们帮助,为他们顺利完成学业并成为社会有用之才作出无私的奉献。

担任班主任二十余年,我坚持给班级的每位学生制订一份情况记载表,记录他们点点滴滴的成长。我乐于与学生交流,作为朋友,我会主动分担学生的痛苦,分享他们的喜悦；作为师长，我也会用爱心、耐心给学生以指引与建议。鼓励学生树立远大理想与报国抱负，养成他们正直、善良、宽容、感恩、守纪、听话、自信、创新的品格。善于运用国家大事及身边小事引导学生的健康积极发展，如在神六发射成功后，我组织了“神六的启示”系列班会，含目标篇、进取篇、合作篇、成材篇；又如，班上一个特殊的学生，由于年幼时的不幸遭遇，使他的脸上留下了难以消除的疤痕，然而他的心灵却如同清泉，快乐无私，坚强地站在众人的目光中，我请他在班上作专题报告《直面人生》，诉说他的心路历程，报告会上，很多同学都感动得流下了眼泪，这不仅是一次心与心的交流，更是一次关于毅力、自信以及与人生苦难抗争的探讨。润物无声的教育，使我所带的班级凝聚力强，班风正，学风浓，学生全面发展，校运会团体总分名列前茅，曾被评为“江苏省优秀集体”、“校文明班级”（所带的十一届班级都获得这一荣誉）。学生在高考中均取得了优异成绩并在毕业后有着持续的良好发展。我也曾被评为“南通市优秀教育工作者”，先后十余次被记功或嘉奖。

成功的教育是诗意的，诗意的教育往往经历过痛苦的拔节。在数学教学的路上，我经历了很多苦闷苦恼，但我从来没有放弃努力探索与不懈追求，因为我有一颗魂牵梦绕的数学心！也许是天道酬勤吧，在数学教学的田野上披星戴月辛勤耕种的同时，也收获着劳作的喜悦。

荣誉接踵而至，我喜悦兴奋慰藉，但很快，我感到了一种无形而巨大的压力，这就是我自己在荣誉天平上的掂量：我是谁？我从哪里来？我还能做什么？在静夜里、在心底里每每拷问这些问题时，我开始对自己的教育教学进行全面反思，并努力将其中的得失与年轻教师分享。

帮带与管理

近年来，我校的数学高考成绩一直位居全市前列。身处教务岗位，我与学科组教师一起学习新的教学理论及新的教改动态，关注数学高考的命题动态，协同科研组教师共同搞好教学工作，支持和协助科研组教师开展教研、教改活动，注重科研组资料的积累、整理及利用。为营造浓厚的学科教研气氛，我经常与其他学校的数学组联合开展教学研讨活动，收到良好的效果。我根据自身教学实践，针对青年教师教学中存在的问题，对症下药，促其尽快成长。通过听课、评课、讲座、指导论文撰写、课题研究等方式，指导帮助青年教师提高教学水平和教研能力。在我的指导下，学校多名教师获省、市、县级青年教学能手和骨干教师荣誉称号。

我曾先后帮带青年教师李维坚、季铮、邢硕炜、张志娟等，对他们敞开课堂，全盘托出，毫无保留，与他们互相切磋、共同提高，为他们成为学生喜爱、家长认可的教师，作出了自己的一份贡献。邢硕炜先后获得江苏省青年教师优秀课评比一等奖、南通市解题竞赛一等奖、南通市说题竞赛一等奖等；李维坚获南通市青年教师优秀课评比、南通市解题竞赛一等奖；季铮获南通市青年教师优秀课评二等奖。

作为一位教学管理者，我总是全身心投入。分管年级组工作，我冷静思考，以“学习型理念”组织、管理年级组，并积极参加各项活动，使分管工作有序开展并取得实效。主持教务处工作，重视制度建设，规范行为；注重过程管理，强化引领；关心教师专业发展，搭建平台；年级分管，注意动态调控；活动竞赛，取得显著成绩。

工作中，我事先悉心听取每一位教师的意见和建议，认真分析讨论，然后制定切实可行的方案，付诸实施。这样，既充分发扬了民主，采纳了大家的合理建议，又能使每一位教师都感受到自己的重要性，极大地调动了教师工作积极性与主动性，增强了团队的凝聚力，保证了科学决策，使工作中少走弯路，提高了工作效率。

作为年级的分管主任，在年级学生的管理中，我创新思路、让学生参与到管理中来，形成学生自我教育、自我管理的机制。通过组织丰富多彩的活动，为学生搭建展示才华的平台，减轻学生的学习压力，使学生劳逸结合。同时，我处处以身作则，严于律己，坚持凡要求教师做到的，我首先做到，成为惯例。

对于教学管理，我的理念是：“教”的方面，要放手让老师做，老师们会做得很精彩，我努力做好二传手，让老师们各自的精彩成为共享的财富；“学”的方面：我认为没有学不会的学生，也没有不会学的学生，同样没有不想学的学生，关键是有抵制不住各种诱惑的学生，我们要学会引导学生在诱惑面前把好度。因此在学生的培养定位上，我对学生提出：做一个志存高远、目标清晰的人；做一个身心健康、乐观坚定的人；做一个情趣高雅、严谨自律的人；做一个善于学习、擅长考试的人。方向明确之后，要抓好关乎成败的决定要素，即抓目标制定、习惯养成、方法指导，要环环相扣，一着不让。

“千淘万漉虽辛苦，吹尽狂沙始到金。”转眼间从教快30个春秋了。30年来的辛勤守望，把大好的青春献给教育事业，我无怨无悔，因为：我不止一次地庆幸我是一名教师，与青春相伴使我的心永远年轻；我又特别庆幸我是一名数学教师，理性永远与我同行！

教育风景：流连与创造

蒋　维

蒋维，教授级高级教师，"江苏人民教育家培养工程"首批培养对象，江苏省特级教师，江苏省"333 工程"中青年科学技术带头人，江苏省教育厅基础教育教学指导委员会音乐学科专家委员，教育部《国培计划》专家库首批人选，教育部《国培计划》示范性集中培训项目培训机构评审专家。先后获得南通市第五届园丁奖、南通市劳动模范、南通市专业技术拔尖人才、南通市十佳劳模名师、南通市第三届十大女杰提名奖等专业和荣誉称号。出版个人专著一部，发表论文 10 篇，担任主编、副主编编写教材教参 7 册，参编教材教参 22 册，辅导教师参赛有 20 多人次获省市一等奖，辅导学生参加市级比赛多人次获一等奖。

茅盾在《风景谈》中提出过一个著名的观点:人,也是风景。他认为"人类的高贵精神的辐射,填补了自然界的疲乏"。是的,好的风景,既值得流连,也源自创造,自然界是如此,教育人生又何尝不是这样?

作为一名人民教师,我深深地知道,自己的言行、举止、思想可能就是影响学生一生成长的"风景"。这"风景"在惠及学生的同时,也让我自己流连其间。

我所流连和创造的教育风景也许带有我自己的学科专业特质,可以用四个字来概括,这就是"情"、"雅"、"趣"、"智",这既是我一直以来所坚持的音乐教育状态,也是我孜孜追求的理想的教育人生境界。

一、情——关爱

情,是对学生的挚爱,也是对事业的执著和热切,还是师生在音乐审美中所产生的共鸣。

我认为,无论在教学中,或是艺术活动中,或是与学生的相处中,都要根据学生的年龄、心理、学习、能力特点,以自己正直的师德形象、勤奋的知识探求精神、优雅的美感彰显,为影响学生,用满腔热情爱护学生,换位思考理解学生,以科学的、循循善诱的方法引导学生,以自身的言行感染学生。而这样的认识,是我在教育实践中逐步建立并提升的。

记得刚走上工作岗位,我下决心要以最佳的状态投入到教学之中。于是我努力地上课,"严格"地要求学生。但事与愿违,学生并不像我想象的那样"听话"。有一次,由于课上与学生沟通、交流不成功,一下课,我便跑回到办公室放声大哭,一边哭还一边说:"哪有这样不听话的学生……"我的师傅看到后微笑着对我说:"你是老师,哪有和学生计较的老师啊!"至今,这句话还深深地印在我的脑海中。从那以后,我逐渐学会从理解学生、关爱学生的角度和学生沟通,我对学生说:"我和你们在人格上是平等的,但我也绝不会放任你们的缺点错误,我会和你们沟通,直到你们想通为止。"渐渐地,我赢得了学生的尊重。

情,还体现在音乐情感的体验和共鸣中,学生在情感的渗透或感染下,体验满腔温暖的,或是激昂的情感,这样教育就能走进学生的心中。李斯特曾说:"音乐能直接表达感情的内容和深度。对于情感而言,音乐形象永远是鲜明而具体的。"因此,多年的教学中我追求情境创设与情感体验下的感悟,这样,学生能够获得多样化的艺术经验和艺术能力发展,并在一定的艺术境域中,达到记忆深刻、情感升华的教育目标。

二、雅——塑造

“雅”是指儒雅的风度、高雅的气质以及深厚的文化底蕴。作为一名教师，尤其是一位优秀的教师，光有扎实的基本功是不够的。现今社会要求学科综合，要求多元文化，教师更应开阔文化视野，站在音乐文化的延长线上，不断丰富自己、提升自己。记得刚走上讲台，总觉得一节课时间太长，没有东西讲，下课时间没到就已经讲完了……这正是文化缺乏、内涵不够的表现。我曾经上过一节课《古乐回响》，在这节课的教学过程中，教师必须具有演唱能力、朗诵能力、吟诵古诗词的能力、作品分析能力、对戏曲的了解和演绎、对中国古代文化的了解、对通俗音乐的了解、对古代乐器特征的了解、对中国古曲的了解、对古诗歌的了解等等。如果没有深厚的文化底蕴，那么是无法驾驭课堂的。因此，多年来，我广泛涉猎：读经典原著，从源头上开掘；读涉面宽泛的“杂书”，从流域上去开拓；用“硬读”去修炼功夫；以“悦读”去陶冶性情。多年的积累，使得我的教学不仅有“招式”，而且更有风骨；与同行交流，就不是只附和别人的见解，而是能发出自己的声音了。

“雅”，还体现在需要挖掘音乐的人文内涵，使音乐与文化高聚性地整合为一体，以发挥寓于音乐美中的高雅人文精神的感召力。音乐是一种大文化的融合，一种获得丰富审美享受的文化传递。我在教学中努力挖掘音乐的相关文化，让学生在高品质的音乐中体验音乐与民族、音乐与时代、音乐与戏曲、音乐与流派的融合，注重引导学生完整地掌握音乐作品的内涵，对作家所处的时代、世界观及创作意图，民族的风土人情和民间音调，作品中的政治、哲学、艺术思潮背景、内容以及社会意义等进行深入认识与理解。通过课堂教学的引导渗透，学生的雅趣会逐步显现：当学生欣赏管弦乐曲《红旗颂》时，学生会说：“恢弘、优美、宽广的音乐让我油然而生一种对红旗的崇敬心理，我感到无比的自豪和骄傲。”当欣赏俄罗斯民歌时，学生会以音乐的要素为基点去感受柔和、柔美、暗淡和浪漫的情感。《二泉映月》让学生对音乐的理解不囿于“二泉”及“映月”这个标题含义，而更多地去体会作者坎坷人生的辛酸和痛苦感情的流露……这样学生文化视野得以拓宽，能热爱本民族和人类一切优秀的音乐文化，建立多元、宽泛的音乐价值认知，使音乐教学活动成为一种以情感为根本的文化传递。

高雅的气质、深厚的文化底蕴，才能对学生的成长产生正能量的影响。因此，我一直努力在生活中体现儒雅，在教学中体现高雅，并不断学习，逐步提升文化内涵，引导学生形成高雅的审美眼光和能力。

从只知道照本宣科地把教学参考书作为自己教学的拐杖，到有了自己的教学主张，进而逐渐形成自己的教学风格，我清醒地知道这几十年来磕绊的狼狈和修炼的艰辛。幸好，我有同事的帮助、师傅的指点和书籍的陪伴。装点我的教育“风景”的，哪里只有我一个人？

三、趣——追求

1．以坚韧迎接挑战。

二十多年的工作，我从一位懵懂、浅薄的大学毕业生，成长为在教育、教学、科研领域里“风景”可流连的中年教师，主要受益于南通中学的传统和精神，我感受其中，潜心其中，发展其中。回想起来，有多少个“第一次”构成了我教育“风景”里的一草一木、一风一云、一水一石。

20世纪90年代初，我的教育教学理念还显落后。在一次青年教师教学比武中，我本雄心勃勃，但只得了三等奖。这一次的事与愿违，使我暗下决心，一定要以自己的最优秀的成绩，得个让众人信服的“一等奖”。虽然初出茅庐，功底还不深厚，但在师傅的帮助下，经过不懈的努力，凭着初生牛犊的一股子冲劲，我终于拿到了市区和大市优课比赛一等奖。这使我有了更大的工作激情和动力，于是有了今后在省、市基本功和优课比赛中的一次获特等奖、八次获一等奖第一名的好成绩。

当多媒体教学手段刚开始运用时，校领导要求教师尝试运用，当时有许多人处于观望中，我感觉到这是一种很有效的教学辅助手段。尽管当时的制作和操作水平还处在初级阶段，我却成了南通市将多媒体技术应用于音乐课的第一人。这次尝试为我今后以多媒体作平台采集大量的音频、视频素材，设计生动有效的课堂打下了坚实的基础。

我的教学生涯中还有很多难忘的，如：难忘的一次课堂实践，难忘的一次师生对话，难忘的一次论文写作，难忘的一次中外交流课堂等，这些都成为我留在“风景”点上的一个个足迹。我认为，作为老师，只有能及时抓住成长中无数个“难忘的第一次”，去发现自我、研究自我、完善自我，才会有今后事业无限发展的空间和态势。正如赞可夫所说：如果教师本身就“燃烧着对知识的渴望”，学生就会“迷恋”于获取知识。在多年的工作中，我以永不言败、追求卓越作为专业发展的动力，在一桩桩“第一次”的历练中成长。

2. 以执著追求高品位

作为一名音乐老师，要达到在艺术中融入教育、在教育中体现艺术的要求，必须具有执著的探研精神、深厚的教学功力和甘愿奉献的精神。在长期教学创新实践和潜心钻研的过程中，我的音乐课堂形成了“情趣相投、静活适度、师生互动、审美提升”的教学特色。课上，我努力使教学内容情趣化，关注学生的能力特征、知识积累，在情感性的基础上，科学地选择教学内容、创造性地设计教学方式，打造民主、生动、活泼的课堂氛围。在《梨园百花》教学中，我采用小组抢答的方式，并设计了看画面，配音乐；观视频，辨行当；贴脸谱，共合作等教学手段来激活学生的学习兴趣，化解学生对戏曲的陌生和排斥，使课堂充满笑声，呈现高强度的情感体验和个性飞扬的课堂生成状态；在《亚洲音韵》这节课中，我采用小组自由选择学习内容的方式，这样既重视全体学生的参与与实践，又在实践活动中师生共同合作，并付诸情感性的参与，让学生的情感随着音乐涌动；在《流行音乐的多元色彩》教学中，从学生的兴趣爱好出发，从多种流行音乐作品中，挖掘其中的社会、民族、经典等色彩，让学生形成正确的流行音乐审美观，促使学生形成一双“发现美的眼睛”。只有灵活地安排课堂教学实践活动，才能促使学生迸发出更多的富有个性的创造火花，产生独特的体验交流，使课堂教学融情于声，寓趣于学，从而达到理想中的教学情境。

二十多年的工作中，为了让学生重视音乐课，我从不随便取消课程，有时因为公务，哪怕一天上六到七课，也要把掉的课补上。我常说“我要坚守住这块阵地”。

为了让学生热爱音乐课，我把全部情感融入课堂之中，为的是创设一种和谐、融洽、平等的教学氛围。我精心设计每一节课的教学环节、教学手法，并且努力做到常变常新，把每节课都当成公开课来上，并抓住课堂亮点和不足，针对情况进行调整。只要看到学生满足的眼神，我就特别幸福。

学校的任何一次艺术活动，我从不推诿、敷衍，我时常对自己说："要么不做，要做就做到最好。"甚至在两次面瘫说话困难时，我也没有放松自己的责任。

如今几乎所有家长都想让孩子学点艺术，许多音乐教师带学生、搞家教，很多人问我："你为什么业余时间一个学生也不带？要是带学生，你的收入会非常可观的。"我只是报以轻轻一笑。我想，人的精力是有限的，我要把更多的精力投入到教育教学实践中，这样，我才会快乐。快乐比金钱更有价值。

教育的热情换来了学生真情，学生在给我的信中写道：

——您的音乐课犹如射入我们心底的心灵阳光，让我们感到无尽的陶醉，您从不伤害任何一位学生的自尊，鼓励的目光，嘉许的语言，您对于我们的宽容与理解、您对于工作的认真负责也无时无刻不在感染着我们，音乐课成了我们大家心中的最爱。

——我特别喜欢您的课，你不是把音乐当成工作，而是当成生命的一部分，您把自己的全部情感和思想都融进了课堂，您充满激情的歌声、话语和人格魅力感染着我们，我们喜欢上您的课。

四、智——完善

我努力使自己成为一位具有实践智慧的教师，在工作中我把握充满创造和活力的动态过程，感知教学过程中学生心理变化和对知识的敏锐感受，从而获得自我不断的积淀和提升。我把智慧的感悟付注在教学实践之中，用智慧的语言连接起课堂，把智慧的方式交付到学生手中，并把情感融进智慧里，使课堂在高水平实践智慧的引领下，产生知识的汇聚、情感的交融。

1. 在教科研中完善教学的智慧

教师的教育品位不仅体现在爱心与追求上，更需要深厚的理论功底和较高科研水平作支撑。我们只有以研究者的姿态置身于教学情境之中，以研究者的眼光审视和分析并及时捕捉教育教学实践中的问题，通过实践研究探索规律，寻求教育教学的新思想、新路子、新方法，才能为教育的发展开辟新的途径，为学生的有效学习拓展广阔的空间。

常言说得好，一分耕耘，一分收获。

我在独立撰写、主编、参编的33册教材、教参和其他书中，把教育教学的可行性案例，适合学生的教学手法体现在了教材之中，使教材更具鲜活生命力和时代特征。

我把教育教学中的困惑、热点话题、亟待解决的难点作为研究目标，在中文核心期刊和省级期刊发表了数十篇论文，并主持了两个国家级课题子课题的研究，把研究成果应用于教学实践。

我把教学过程中教师最关注的教学案例、教学方法、丰富多彩的教学共性特点，通过讲座、示范课形式与同行分享。至今，拍摄的6部教学录像，出版的3个教学光盘，都在中央电视台等媒体播放过，并受到国家级专家的高度评价。在全国各地二十多个地区做了65场讲座，开设公开课61次，引起了强烈的反响：

在湖南做讲座时，教师们反响非常强烈，当我讲完离开会场时，全场数百名老师集体起立，长时间地热烈鼓掌，欢送我离开。

还有一次，在徐州作讲座，刚结束，忽然一位老师走上讲台，向我深深地鞠躬，我感到非常惊愕，这位老师激动地说；"蒋老师，我要感谢您，因为，我本来不想再做音乐老师了，今天您的讲座，激起了我的教育热情，我起码还要再干十年。"听了这话，我也被他深深打动了，握着他的手说："谢谢您！"我又体会到，在流连和创造的教育"风景"中，别人决不是过客，而是你也可以欣赏的"风景"。

2. 以目标定位激励自我完善

美国潜能大师博恩·崔西说过：成功就等于目标，目标决定了人生的走向。人一旦有了追求，远方也就不再遥远，当你明确了你的人生目标，你便找到了人生的主流，这样才有工作和前进的动力，也就是找到了奋斗的方向。

从工作以来，在师傅的引领下，我成长的每一个阶段都会设立一个目标，这些目标激发我不断进取，完善自我。记得我还是中学二级教师的时候，师傅就对我说："你一定要争取破格晋升一级教师。"当时我对自己没有信心，认为是不可能的事情，他鼓励我说："这有什么不可能？任何事情都是人做出来的。"不仅如此，他还要求我每年必须完成并发表多少篇论文，上多少公开课等等。通过努力，我如愿被破格晋升为中学一级教师。我明白，这是师傅用对职称的追求来激励我丰富和完善自己。接下来，他又为我发展的每一个台阶竖立一根标杆，这些标杆成为一个个努力的目标。在这些目标的引领下，我实现了一个又一个的跨越，从开始的被动接受，逐渐成为自觉的习惯。人要为自己设定一个人生的规划和目标，不管是远大的理想还是近期的目标，这样才有工作和前进的不竭动力。

3. *以团队建设引领教师成长*

在近几年中，我借助人民教育家培养工程这块平台，更多地获取教育教学新信息、新方法，努力拓宽自己的教育文化视野。同时积极开展团队建设，把在音乐教育方面积极进取的老师凝聚在一起，促使他们在教学和科研上获得提升。在共同的研讨过程中，我发现有些团队成员专业基本功扎实，教学想法上常有新点子，但缺乏理论支撑；有些教师有较好的教学经验总结，但缺乏凝练自我个性化的教学风格的教科研水平，无法形成自我的教学主张。因此，我通过讲座、辅导、示范课等形式传递给更多的青年教师新的理念和方法；带上青年教师出去观摩、考察、展示，在学习中寻求进一步发展的契机和突破口；通过定期交流、网络互动，使团队成员努力拓宽自己的教育文化视野，获取更多的教育教学新信息、新方法；定期举行聚焦课堂活动，使他们能及时地抓住机会，在实践中探索实现高效课堂的有效途径；开展教学研讨，以“高品位”的音乐课堂为研究目标，从多个维度进行探究，以期团队成员在教学、科研上有新的突破。在我的指导、带领下，在团队的合作推动下，多人获得专业技术称号，数十人在全国、省、市比赛中获得一等奖，发表论文数十篇，多个省、市级课题结题。团队的建设发展，为音乐教师的成长起到辐射带动作用。

有这样一段广告词：“人生就像一场旅行，不必在乎目的地，在乎的，是沿途的风景以及看风景的心情。”是的，我的成长也是一场旅行，人民教师就是我认定的终极称谓，其他都是“不必在乎”的“目的地”，而我和学生一起流连和创造的风景，才是我所在乎的。因此，我感恩让我能够有所流连以及有所创造的所有人，我感恩这个伟大的时代。

学生成长是我最大的幸福

杨建楠

杨建楠，南通中数学教研室主任，南通市学科带头人，南通中学特级班主任。先后获得江苏省优秀教育工作者、南通市优秀教育工作者、南通市优秀学科组长等荣誉。所带班级荣获南通市"五四红旗团支部"称号，所教学生多人次被评为市级十佳三好标兵、江苏省三好学生和江苏省优秀学生干部等。在长期教学实践中，形成了自己的教学风格："问题—互动"高中数学课堂教学模式。为深化这方面的研究，所申报的"'问题—互动'高中数学课堂教学模式研究"课题被江苏省教育科学"十二五"规划课题立项，研究成果论文有六篇发表在中文核心期刊。

2015年春节前后，由于疲劳过度在家休息，消息不胫而走，各地的历届学生们通过电话、微信与探视带来了问候，同时与我一起分享他们事业成功、结婚生子等成长的喜悦。2011届学生贾婷彦带来了先后被哈佛、耶鲁、斯坦福、普林斯顿、宾夕法尼亚等大学的商学院录取为金融博士的消息……从教34年、担任班主任28年，虽然每天面对的是繁琐细碎的事务，但我将爱渗透到与学生互动和日常管理之中，用心注视他们的点滴进步，在爱学生的过程中，我也收获了学生们的爱。看到学生们的健康成长平时的苦与累顷刻化为内心的幸福。

我出生于20世纪60年代初，上学的年龄正赶上"文化大革命"，由于"家庭成分不好"的原因，我的家庭受到当地造反派的冲击，这给我幼小的心灵留下了阴影与伤痕。成人以后我反思这段历史，从国民性的教育角度来看，由于人性里爱的缺失、民主平等意识的淡薄，从而出现了人性的扭曲，所以我迫切感到给予学生爱的传播，培养学生的民主平等意识及文明素养，是教育工作者应有的职责。

用爱感化心灵

还记得2002年的9月，新的学期又开始了，57名来自全市各校的学生聚拢在一起，将在我的带领下进入高中阶段的学习。为了尽快地了解他们，我用不到一天的时间初步接触了每一位学生，同时翻阅了学生家庭情况登记表，我对未来的班级工作充满了信心和热情。

开学后不久的一个星期天的晚上，大概10点多钟，我正在备第二天的课，突然电话铃响了，原来是张建（化名）的父亲打来的电话。电话中，张建的父亲语气急促、情绪异常激动："杨老师，张建今天在家和我们大打出手，这孩子我们真是没法管了。"我劝张建的父亲别着急，问："到底出了什么事？"他说："星期天，我和张建的母亲都加班，张建就在家看了一天的电视，母亲回家说了他几句，他一脸的不高兴，嘴里还嘟嘟囔囔的，我实在看不下去也就严厉地批评了他，哪知他竟然大发脾气，越吵越厉害，以至发展到最后跟父母拳脚相加。虽然张建在家脾气一直就不好，动不动就发火、摔东西，但动手打爸妈还是第一次。"放下电话，我感到十分不解，虽然开学时间不算长，可通过观察，我感觉张建是一个十分乖巧、听话而又有点胆怯的学生，平时回答问题时声音很低，和老师、同学交流的时候，还时不时会脸红，做什么事也有点缩手缩脚。为什么家里、家外的表现会有这么大的反差呢？

第二天，我并没有直接找张建谈话，而是利用午休时间到张建家做了一次家访。我跟张建的父母交流了他在学校的表现,并谈了我的想法,我问他们:张建是不是受过什么刺激?他们也想不起来曾经有什么事刺激过他。于是,我又和张建的父母一起梳理他的成长过程:张建小时候是一个爱说、爱动、讨人喜的小男孩,小学里学习成绩也很不错,可是进入初中以后,成绩就一直不太理想,而且脾气也见长,有时候变得令人很讨厌。我追问:“为什么会这样?是不是在张建身上发生了什么事,让他受到了刺激?”张建的母亲想了想说:也没有什么特别的刺激,就是进入初一不久,有一次星期天她带张建回了一趟老家,作业没有做,星期一回到学校,被老师罚站在教室外面很长时间,后来又被罚抄作业三遍。从那以后,张建就不爱学习了。张建父亲又补充说:他们家对门住着张建的小学同学杨阳,这孩子一直成绩优异,他们在家中老拿杨阳来教育张建,张建非常反感。

告别了张建的父母后,我的内心一直不平静,我想:可能就是初中老师的那次惩罚深深地伤害了他,导致他对学校和老师怀有一种恐惧心理;在学校过得很压抑,回到家中,父母又老是用杨阳来刺激他,所以逼得他想发泄,想释放,于是就出现了行为方式的两面性。

解铃还需系铃人,既然张建是因为过去老师的惩罚而害怕老师,那么要改变这种状况,最好的办法就是老师有意识地去体贴他、关心他、信任他,让他感到老师的爱。要达到目的,重要的不是“讲理”,而是“讲情”“示爱”。我建议张建的父母改变以往的做法,在家多鼓励、少批评,更不要训斥,也不要再提杨阳的事,重要的是消除他对学校和老师的成见和恐惧。

一个阳光灿烂的日子,我上完数学课就径直走到张建的座位旁,我问他:“听懂了吗?”他点点头;我又问他:“你喜欢数学吗?”他边点头边说:“喜欢。”我追问他:“你既然喜欢数学,为什么上课不举手发言呢?”他低着头不说话。我说:“我知道你很好强,是怕回答得不准确,没有百分之百的把握,你是不会轻易举手的?”这时他突然抬起头望着我,眼睛特别明亮,充满了惊讶。我拍拍他的肩膀说:“老师希望你下节课上能举手发言,老师相信你一定会做得很好!要上课了,再见!”就在我转身要走的时候,我听到他说:“杨老师,再见!”

整个交谈过程,他只讲了两句极简短的话,但他的神情鼓舞了我,也印证了我的分析,我对方案的实施充满了信心。第二天的数学课上,我特别注意张建的举动,虽然前半节课他还是没有发言的欲望,但我发现他的眼神始终跟着老师在走(虽然不敢与老师对视),说明他听课很认真。课上到一半,我自然地走近张建,用鼓励的目光期待着他,他终于举起了手,而且问题回答得很精彩,我表扬了他,他虽然红着脸，低着头，但我感受到了他内心的喜悦。

我把张建的情况跟其他任课老师作了介绍，他们也有意识地去鼓励他。

缺口打开，水就会自然流淌。他开始信任老师，下课后，与同学的交流也多了，性情开始有所转变。他的父母也感受到了他的变化，一天，张建的父亲高兴地告诉我，说张建最近回到家里开始谈论自己的老师，但在家还是那么任性，还是喜欢发脾气，他们很伤脑筋。

又过了一段时间，一天，我有意碰见张建，“不经意”地和他聊天。我问他家中的情况，问他父母的情况，当他说到父母工作都很辛苦时，我和他讲了我的学生时代，讲了父母对子女的爱，讲了当时的不理解、不体谅和如今的感受，最后告诉他，老师希望他、也相信他一定会比老师当年做得好。

那段时间，我和张建父母经常联系，交流情况，及时商讨教育的对策。在这个过程中，他的父母也改变了以往的教育方法，让儿子感觉到他们是爱他的，即使自己的孩子没有别人家的孩子强，父母总是把自己的孩子当成手中的宝。一个多学期过去了，张建在学校和在家中的表现都有了很大的改变：在学校，与老师、同学的交流比以前轻松、愉快了，学习的主动性和积极性高了，成绩也有了明显的提高，张建刚进校时，班级排名五十，到期末考试时，名次已前移到第二十六位；在家里，张建也不再动辄乱发脾气了，学会了自控，对父母的批评和建议也不过分抵触了，有时还适当地干一点家务活。对于他的变化，他的父母和老师一样感到欣慰。

张建现在苏州一家中型企业担任中层管理，虽然毕业 10 多年了，但一直与我保持着联系，而他与我分享他人生路上的每一个进步时，我都倍感欣慰和幸福。

在长期工作实践中我深深体会到，师爱本身就是一种极具感染力的道德示范，它不仅有助于唤起学生被关心和被爱的意识，而且还有助于唤起学生关心和爱的意识。在关心自己、关心他人、关心环境上，教师和学生都需要不断地学习，而教师可以用自己的学习，感染学生、教育学生，这也是教师的职责。

用爱管理班级

2011 届学生施琳是文理分科后才到我班上的，以下是她毕业时写给班级全体学生的赠言——

让我想想是怎么进入 2 班的呢？

还记得那个艳阳天，我手脚冰冷地站在分班牌前 ——

2班。看到了,那么就向前走吧。

你们好像是我看过最青春的班级,尽管一开始我并不是那样的,所以我会选一个角落来舔舐分班带来的伤口。

还记得你们叫我做自我介绍,我觉得没哪个班是以我们这种方式开始——你们真的不一样。

第一个重大的节日是篮球赛。

没想到吧,我竟然没有去看。我只是任性地想要维持自己的记忆。

可是,我却在第二次的篮球赛上为你们拼命呐喊、加油。

在比赛结束的那一刹那,感动得想哭。

如果,有一个地方可以带给我们温暖,那么我们就没有理由拒绝。

有些感动,记得就好,但不一定要停在原地,去守候。

哈哈,这个班上给我印象最深的竟然是老杨,连我自己都感到惊讶。

我开始明白,过了这么多年,你教的孩子还会给你发短信送上祝福。

在成人典礼上对我们说话的那个你,我怎么就那么感动呢?

你说你喜欢JAY,所以我相信你是真的真诚。

你为我们唱《传奇》,才发现你都那么老了,可是却真的像人们所说的那样——拥有一颗永远年轻的心。

我开始欣赏你的衣着品位,就像开始欣赏校服的颜色。

我开始细细聆听你讲课,告诉自己你是对的。

我开始觉得——我会想念……

如果有下辈子,希望你还是做我们的老师,我们还愿意做你们的学生、孩子……

我们真的是有缘的一群人,因为我们曾在无数个日日夜夜一起追逐过梦想,一起分享着我们的青春,这么多记忆永远都没有办法复刻,如今我们各自奔向远方,我会站在送你离去的站台,对你们每一个人说一声:珍重!

我们都还要长大,却在以后的日子多了一个永远可以看见温暖的记忆房间,每次拉开记忆大门,我就可以看见你们的脸庞——

笑的、哭的……

2008年江苏省高考成绩第八名的俞晖同学在《我的通中老师》一文中写道:

我的高中班主任杨建楠老师,他在班级管理上与我之前的班主任区别很大，他对班干部只是作一个指导性的建议，放手让学生去做。如果遇到困难，杨老师及时给予帮助；工作上出现了问题，杨老师会一针见血地指出问题所在，但是他不会包办代替，他让学生干部自己修正。学校组织大型活动他也总是先让学生自己拿出方案，然后平等地与我们讨论交流，不断完善方案，让我们很有归属感。

在班主任工作中，我“严在当严处，爱在细微中”，通过问、写、查、访、谈、察等方式全面了解学生，为了缩小与学生的“代沟”，让自己的教育工作更为专业，在50岁的那年参加了国家职业心理咨询师培训，并取得“心理咨询师三级证书”。在班级管理中我做到科学、民主、平等，始终把自己置于一个组织者、引导者，而非管理者，让学生在班级中的主体性得到充分的发挥，培养学生主人翁意识与集体主义精神。我身体力行，经常带领学生走进社区开展“献爱心”等社会活动，利用班会课对学生进行爱国主义、集体主义教育，对外开设南通市“道德讲堂”第一示范课。学生贾婷彦、张玥萌积极参与社会实践、乐于帮助他人等事迹突出，先后被评为“南通市级十佳三好标兵”；学生多人次被评为“江苏省三好学生”、“江苏省优秀学生干部”；所带班级被命名为“五四红旗团支部”；经常在南通广播电视台、《扬子晚报》《现代快报》《南通日报》《江海晚报》等媒体介绍育人经验。

用爱提升技艺

从教34年始终坚守三尺讲台，是因为自己热爱这份事业，带着这份爱去研究课堂艺术，并在长期的教学实践中不断提高课堂技艺。俞晖同学在《我的通中老师》一文中这样写道：

杨老师的数学课会从数学的总体框架上把持知识与解题技巧，不是为了技巧去讲技巧，他的数学课给予了我们很大的思维发展空间。

对于基础教育中存在的通病——通过题海战术来提高升学率、以牺牲学生的身体健康换来短期的学习成绩的现象，我一直很不认同并积极努力改变这一现状。近年来，我致力于研究在“减负”情况下，提高升学率与学生的终身发展齐头并进。2009年，我作为省骨干教师赴英国曼彻斯特城市大学进修培训数学课程并取得合格证书。归来，我将在国外学到的先进教学理念融入教学实践中，将在全国具有影响力的“难忘教育”与数学教学进行科学的融合研究，主持了教育部“十一五”规划课题“难忘教育研究”子课题“难忘教育的数学课程实施研究”，让新课程理念在“难忘数学课堂”中得以实现，使得“难忘数学课堂”因有了新课程理念而更加丰满。

我在长期的课堂教学实践与研究中，逐渐形成了自己的课堂教学特色，即“问题—互动”。以这项研究申报的“‘问题—互动’高中数学课堂教学模式研究”课题立项为江苏省教育科学“十二五”规划课题，研究成果论文在省级以上期刊发表近三十多篇，其中有六篇论文发表在中文核心期刊上。这些论文都具有较高的学术价值与推广意义，对推进素质教育、提高数学学科教学质量有积极的指导作用。在此基础上，我还将这一研究成果向省市内外积极推广，为新疆、陕西、安徽、广东、徐州、宿迁等地教师开设示范课和培训讲座，并在南通电台、电视台做专题讲座三十多场次，获得广泛好评。我先后被聘为：江苏省教育学会“名师发展中心”理事、江苏省教育学会优秀课评比专家评委、江苏省高考命题库专家组成员、南通市高中数学新课程专家指导组成员、南通市中小学高级专业技术资格评审委员、南通市区数学教研中心组成员、南通市直学校兼职教研员。

在长期教科研实践过程中，我认识到，教科研只有转化为课堂教学实绩才有真正的实际意义。于是，我将教学研究深深扎根于一线课堂教学土壤中，摒弃课堂上的“花架子”现象，运用科学的教学方法、先进的教学手段施教，取得了比较理想的教学效果。我所教班级的高考数学成绩、一本、二本上线率一直处于年级前列。贾婷彦、蔡伟、俞晖等（高考成绩全省前几名）一批优秀学生在媒体上多次对我的教学给予很高的评价。我的学生遍布世界名校：哈佛大学、耶鲁大学、普林斯顿大学、麻省理工学院、斯坦福、剑桥大学、牛津大学、伯克利大学、哥伦比亚大学、北京大学、清华大学、香港大学、香港中文大学等。

在教学工作中，我不仅仅注重研究课堂教学的技艺，课后还会针对每一个学生的实际情况作出个性化的教学方案，因材施教。获得北大校长实名制推荐资格的贾婷彦同学，在高三第二学期，学习上忽然步入了一个低潮期，三次模拟考试一次比一次差，三模甚至都没有进入年级前十名。她自己很焦虑，情绪起伏很大。为此，我几乎每天都通过短信与她交流沟通，我们针对每一学科、每一个高考重点、每一个细小的环节进行反复探讨，最后，她顶住压力，取得了全省第三名的好成绩。尤其让我欣慰的是，我又看到了一个心态平和、心智成熟、抗压能力强的贾婷彦。

现在美国谷歌总部工作的蔡伟，2005 年以江苏省高考排名第四、南通大市排名第一的成绩被清华大学录取后，曾在《江海晚报》上发表一篇《难忘恩师》的文章，开头这样写道：

> 一匹千里马如果在磨坊中拉磨，即使拉一辈子，也无法走出磨圈；一匹普通的马如果走出了磨道，在宽广的大道上驰骋，即使走得再慢，也总能到达理想的彼岸。我就是一匹普通的马，但是让我感到无比幸运的是，在南通中学这片养育我的沃土上，是诸位恩师开拓了我的视野，启迪了我的思维，让我走出了人生的磨道，使我有机会在成长的道路上勇往直前。在诸位恩师中，最让我难忘的一位，当属我的高中班主任——杨建楠老师。

最后，我要感谢通中，是通中给予我这样一个高起点的平台，以实现我的理想——用爱去诠释教育的真谛。感谢所有带给我快乐与感动的孩子们，你们的成长是我今生最大的幸福。

花儿在唤醒中次第开放

钱明华

钱明华，中学高级教师，南通中学教务处副主任。从教32年，送过17届高中、初中毕业班，多次被评优、嘉奖、记功。课堂教学讲求艺术性、高效性和难忘性，形成“探究·整合·建模”的教学思想和轻松活泼、机敏流畅、幽默风趣的教学风格。其考点实战思路“建模”的方法和理论影响力强，广受好评。曾先后获得市区、大市、江苏省高中语文教学比赛一等奖第一名。《项链》《守财奴》教学录像，入选国家中学语文教师继续教育教材，并在中央教育台、江苏教育台播出。在省级以上刊物发表论文数十篇，主编、参编教学辅导用书七十多种（由教育行政部门组织），达数百万字。

"林中有两条路，我选择了人迹更少的那一条，一切皆源于此。"诗人罗伯特·弗罗斯特如是说。

目标，人生的一次引领，扬起风帆

下午两点，当我在哈佛大学和一行二十多人等候与清华大学选派哥伦比亚大学的短期交换生朱逸煊意外而又惊喜地约会时，我是真切地体会到了一年前考取同济大学的朱麟钦先前在濠滨论坛上历数班级录取名单时那份"最牛的4班"的骄傲。

那年，受苏教国际委派，我带十多位学生和安徽马鞍山一中部分学生组团赴美修学旅行。第一站纽约，竟然意外得知我刚送走的一届班长朱逸煊在纽约并约好第二天在哈佛塑像前碰头。更意外而巧合的是，不久又收到了刚送走这一届的班团支部书记北大学子黄嘉莹（在伯克利短期交换）将在我离开美国的最后一站洛杉矶为我送行的问候短信。这样的惊喜，在修学旅行团中引起的轰动，丝毫不亚于这届毕业生贾婷彦、朱彦頔、陈铭分别代表北大、南大、通大新生代表发言的"通中现象"所引起的反响。因此在整个修学行程中，我能明显感受到同行数十人发自内心的羡慕和敬重。

骄阳下、人群中、充满古老记忆的哈佛红建筑群里，幻化了多少次的预设对话，终因导游的催促而转为错过的一丝遗憾，但赭红色的印迹却因此泛上心头，伴随着哈佛的朝圣之旅，一幕一幕地上演。

说实话，对于那一届的学生，我是倍感亲切的，不仅仅因为，我是那"最牛的4

班”班主任和分管整个年级的教务处副主任。由于与女儿同级的缘故，我很早就听说了她诸多同学的姓名、有趣的往事，虽然十多年后，当刘雅瑄、陈婧、王珊珊、谢婧、张天枢、杨圣、赵张琛……那一个个身影走进通中，耳熟能详的一切才鲜活起来。

高二期末考试结束，一份成绩单放在我的面前，一如既往，齐薪添、曹姮、朱逸煊、施翩、黄嘉莹、凌静等同学再次集体爆发，走在了年级的最前列，并且包揽了学校南纤学年奖学金（文科）。客观地说，每个班级总有一个领跑者，但一个强势火车头的年级领军集团的出现，则是让任何一个教育者欣喜而充满期待的。怎样让单调数字转化成前进的内驱力，并引领全班乃至全年级整体上游，我感到一直萦绕心头的难题，终于等到了解决的最好时机。

的确，很多人心中都曾有过对未来最美好的憧憬，都曾有过许多七彩阳光般的梦想。文理分科后，一年的学习现状，使一部分同学的梦想已经远去，甚至渐渐变得遥不可及。而指引学生精心绘制未来的人生蓝图，可以促动学生自我开发潜能、发挥优势、塑造核心竞争力的自觉性。可以让他们明白成才不是梦——早设计早追求就能心想事成；未来不是梦——早规划早行动必能梦想成真。为此，引领学生认识自己、规划自己的人生，帮助他们明确希望考取的理想大学以及人生的目标，并分析达成的优势和需要努力的地方，就成为“高三，你准备好了吗”主题教育的最好选择，尤其是对相对弱势的文科群体。

于是，放假前的一个下午，六人的一次貌似随意（解压以利畅所欲言）的小聚会就在教室开始了。六人中朱逸煊大气、黄嘉莹伶俐、施翩冷静、齐薪添憨厚、曹姮内秀、凌静聪颖，当让彼此谈及理想大学时，那份羞涩、守护，还是使他们心有所待却欲言又止，尽管有学校近几年来文科每年考取清华北大一两人的现实印证。但看得出已触动心灵，微澜荡漾。于是，我单刀直入，满怀信心地指出，你们的目标就是清华北大，都有希望并且应该考上。少年立志当高远，长远目标就是未来的路，你们现在所需要做的就是根据对未来的预测，设计现在。而我们班的目标就是六人考取清华北大。在对每个人的现状逐一分析后，我以一则对联来与他们共勉：乘长风，胸藏宏阔，不负少年凌云志；扬远帆，心怀韬略，敢比古今状元肩！会后，从他们离开时的飞扬神情和彼此言谈，我知道，理想的种子已经萌发。在后来的班主任会上，我公开了这一目标，以此来给自己加压，给学生前行的动力。在随后的清华大学暑假夏令营活动及自主招生考试中朱逸煊、黄嘉莹表现出色，分别获得清华大学和北京大学的50分加分。榜样和标杆就在身边，这又给其他同学信心和力量，在校园十大明星颁奖典礼上，他们打出了这样的横幅：“草是绿的，天是蓝的，煊哥是清华的”，以此来表达自己作为4班一员的骄傲。高考中，朱逸煊摘取了南通大市文科状元，这位多才多艺的“帅”才、学校奖学金的“专业户”，虽感到高中三年最“郁闷”的是没有进入学校的戏剧社，只在班级组织的一次英语话剧里演了个小角色，但谈及自己高考的秘诀时，他这样坚定地说：“目标，尽力，平常心。”

对于那次小聚会，当年高考成绩仅次于朱逸煊的南通市文科第二名曹姮同学在《相约北大·遥想燕园》中是这样回忆的：“于我而言，高中，才是一个真正开始寻找自我的时间，叩问自己，审视自己，顺应自己，最终能够成全自己。高二结束前，班主任钱明华老师召集我们几人开会，信心满满地说，你们的目标就是北大，并且都有很大希望考上的。回家路上，我将他的话说与家人听，满脸的不以为然，轻描淡写道，宽慰而已。心中却是微澜四起，这，是真的吗……初中语文课本里有诗人田晓菲的《十三岁的际遇》，那是我知道北大以来，第一次感受一个亲历者眼中的北大，那时有一个班级上关于理想大学的讨论，我没有说，但心里知道，北大，已经在心里生根了，并且永远不会枯萎。那次小小的集会，重又勾起了对那些文字的回忆。……放假后有一次回校，看见班主任坐在那里，对我说，你的目标只有一个。我清楚他指的是上学期期末时的那次小会……我不愿将自己的理想告知他人，即使是我的家人。但也没有人可以让我放弃自己的梦，包括我自己。”

参加那次小集会的六人，曹姮、齐薪添、黄嘉莹考取北京大学，朱逸煊考取清华大学，施翩、凌静考取香港中文大学。

对领军集团的唤醒意在激发其使命感和责任感。学困生给信心，优秀生给挫折感。我想，这话是有道理。但在既有成绩面前的因势利导，帮助他们，规划人生发展方向，确立近期达成目标，更能激励人努力奋斗。有一个光彩人生的高起点，就有了一个卓越人生的强动力。那是可以催促团队齐心合力、化压力为动力、变信心为决心、促心动为行动、克服和战胜一切困难的，而最终化目标为现实也就成了一种必然。难怪朱麟钦他们会对“最牛的4班”这样的成绩单而感到骄傲：朱逸煊省第3名，曹姮省第12名，齐薪添省65名，施翩、凌静并列省214名，黄嘉莹省247名……

最近几届，我带的都是文科班，是现行高考模式下的相对弱势群体，艺体生众多。从文化成绩角度看，艺体生则又是这弱势中的更弱群体。不少艺考生，遍天下地巡考归来，面对大量的学习任务，往往信心不足，产生恐惧心理；因长时间疏于文化课学习，对各高考科目中原有基础知识概念已经模糊不清，构建的学科知识体系不完整，没有掌握核心考点；日常的审题和答题规范没有得到充分训练。专业通过的短暂喜悦之后，是迷茫不知所措，家长也会病急乱投医，被一些唯利是图的办学机构忽悠而耽搁最后宝贵的时间。给他们信心希望和帮助制定个性化复习规划，是为师者的职责所在。

“要知道，你比吴炜捷（班长，后考取北大）更接近北大！”当极富艺术天赋的沈波，通过了专业考试，面对学业的一片空白而愁云满面时，我说，“你需要做到的就是耐住寂寞，坚持坚持再坚持，一定会守到云开日出时。”一语唤醒茫然人，望着他疲惫而坚定的眼神，我知道，先前的付出必定成为今后奋发的动力，中央美术学院的大门已经为他打开。

对艺体生的唤醒意在让他们看到自己的优势，付出后的成就感和努力一把可以登顶的期待感可以使人爆发出巨大潜能。唤醒中花儿次第开放，于是有了后来的北京电影学院的伍宇辰柠、上海交通大学的吉涵宇、东南大学的戴卓、中国传媒大学的王月莹、浙江传媒大学的朱玥如等书写历史的艺术类群体突破。

虽然没能在哈佛与朱逸煊相遇，但走在哈佛的林荫，感受着庄重古朴的红色氛围，脑海里闪现的却是大洋彼岸赭色的记忆。其实，当目标唤醒，一切并不遥远。

雨中，递过来一把雨伞，写满感动

“老师，给你雨伞！”他微笑着递给我一把折伞。

“哦，谢谢！”一时间，我竟有些语塞，说不出是什么感觉。是他，怎么会是他，专门从教学楼折返过来给在校门口导护的我送一把雨伞？瞬间，我又为自己有这样的疑惑而感到惭愧。我怎能这样去想我的学生？是否潜意识里希望出现的是大家心目中的优秀的他或她们。我是否也在心灵深处，将他划入了某个区域！

这天清晨，细雨蒙蒙。我在学校大门外和值周班的同学迎候陆续到校的师生，互相问候行礼。仗着穿了一身户外的防雨冲锋衣，也没撑伞，竟没留意到雨已经渐渐大了起来。

他，是我原来的学生，文理分班后去了理科班。有个性，对自己感兴趣的，极具钻研精神。学有所好，长于写作，一篇《不同的声音》细腻地写出读红楼的不同感受。文章中写到“一回不似往回读，欢笑声中竟闻泪。金陵一百零八女，贪嗔痴迷在谁家？”“这回细读，发现王熙凤的逢场作戏，看出了‘势败休云贵，家亡莫论亲’，看出了‘分离聚合皆前定’的忧伤情仇，看出了‘子系中山狼，得志便猖狂’的人情冷暖。看到的满是辛酸泣声，看到的尽为家业凋零、金银散尽之殇。听到的不同于上一回看的儿女情长之悲，更着“食尽鸟倒林’‘树倒猢狲散’的凄凉。”文笔、才气让很多同学叹服。但他却又屡屡触犯校规班纪，散漫自由，随意任性，是一个让老师极费心的学生。或许和其他老师不同的是，我不仅指出了他的散漫，更看到和放大了他的长处。学期结束，我给他专门绘制了一幅学习状况曲线图，并且分析了每科学习的得失。在给他的这张《学习状况诊断》寄语中我写道：保持热情，永不停步。我能看得出，他拿到时那诧异的神情。那神情让我对他充满期待。

雨很快停了，看着手中的伞，有些感动，更有说不尽的感触。

他，是我的另一位弟子，曾经在文章中这样表述对学校的感情。“当我第一次踏上通中的土地，虽是一种莫名的欣喜，但取而代之的却又是心灵的悸动，不为别的，只为那浓郁的书香气息。在我眼里，看不到任何的瑕疵，‘诚恒’校训已经深入人心，努力与扎实蔚然成风。那一刻，不得不感慨：这就是通中啊！也在那一刻，我与你的羁绊也深深地埋藏下……”但长大的烦恼一样困扰过他，他曾说：“长大，就只有一个感觉：我可以独立了，是一个自由的个体了。”于是，军训报道的那一天，他第一次公然与父母说不喜欢回家……

与他的谈心是沉重的，但结果却是轻松的，他说我终于放下了包袱。后来他在一篇发表了的题为《长大》的文章中这样写道；“班主任跟我聊了天，‘给父母以感激，给老师以崇拜，给自己以信心，给社会以责任。’他的每一句都化为实体的字，雕刻在我身体中最柔软的部分……回家，父亲坐在客厅里，一根又一根地吸着烟，他没有发觉我的归来，我凝望着他憔悴的瞳仁和苍黄的面颊，颤抖的声音随着烟雾萦绕……而如今，再次提及那些话与人，却已不是感慨，更多的是释怀，我些许明白了我的长大到底意味着什么，是叫关爱与责任的东西，而那独立，只是我成长的方式。”

交心，意在唤醒，因为他们的本质都是向善的。每一个教师都希望自己所教的学生有良好的成绩，可总是会遇上几个孩子，始终跟不上自己的步调，怎么办呢？苏霍姆林斯基曾感叹：“从我手里经过的学生成千上万，奇怪的是，留给我印象最深的并不是无可挑剔的模范生，而是别具特点、与众不同的孩子。”我想，教育的乐趣来自对孩子的兴趣，教育的真正任务和目的，不是评判，而是唤醒，更是善的传递、爱的共鸣。可现实中，原本是柔软的、触动心灵的教育，却在分数面前渐渐沦为坚硬的教训和没有欢乐的苦役。于是教育的评判就成了冷冷的数字。一个孩子值得被尊重，是因为人的价值来源于其生命本身；我的教育是教会孩子如何成为真正的自己。对待“问题学生”，我们见识过太多快捷、粗暴的教育手段——忽视、监管、批评、体罚。我们是否该慈眉善目地轻声“叫唤”，用爱的沟通和包容来温暖冰冷的现实，就像叫醒一粒种子，捂热一块顽石，让这些“沉睡”的孩子，像迟开的花儿在爱心、细心与耐心中次第开放。而在最真实、最诚恳的师生“互动”中，你能听见被唤醒了的孩子的笑声。“对话”是走进学生心灵大门的钥匙，很多教育之所以成效不彰，皆出于教育者无法打开学生的“心门”，不屑于“对话”，没时间“对话”，不想“对话”，不会“对话”，一个比别人“多一个心思”的教师，他往往能“看见”“习以为常”中的“偶然”，不露声色，水到渠成，从而获得“必然”的力量。

那天及以后的某一天，“雨中”递过来的“一把雨伞”们，写满的一定不仅是感动。

对于学习有困难的学生，我常说：鹰有时飞的比鸡还低，但鸡永远达不到鹰的高度。是雄鹰，总有翱翔蓝天的时候。我以为高中学习最重要的是“阳光心态，耐住寂寞，小步慢跑，永不放弃”。最后我要大声地对同学们说：同行三载，只为一个共同的梦想。梦想不灭，激情永在。共雨共晴，只为一个美丽的承诺。一路有你，快乐同行。

情系边陲　放飞梦想

罗志钧

罗志钧，中学高级教师，南通市局直学科带头人。大学毕业，分配到紫琅中学工作，2005 年 8 月调入南通中学。从事高中英语教学三十年，担任班主任工作二十余年，先后被评为南通市“168”爱生优秀教师、南通市优秀教育工作者、南通中学“难忘教师”。2010 年 12 月至 2012 年 6 月赴新疆伊犁支教，乐于奉献，倾心尽职，为支教事业作出了贡献，2013 年 12 月被授予第七批江苏省优秀援疆干部人才称号。

我从教三十个春秋,先后在不同的地区和层次不同的学校任教,结识了许多同事,教过不同水平、学习能力各异的学生。无论在哪里,我以做人为先,团结同事、关爱学生;教育教学中,我以他人为先,善于发现别人身上的长处,查找自身的不足,虚心向身边的老师学习,努力提高自身素质。特别是近几年,为了能适应新形势下社会对教师提出的新要求,为了不辜负"通中人"这一光荣的称号,我更加自觉地甘当小学生,不断学习,不仅向教学经验丰富的老教师学习,而且善于向充满朝气、富有创新精神的年轻教师学习,从他们身上提取亮点为己所用。平时,在办公室里,我有意观察前后左右的老师的工作细节,比如留意他们如何备课、批改作业、布置作业,如何和学生进行有效的交谈等等;在教室外,有时会故意放慢脚步,争取多听一点他们的精彩而忘我的讲课。备课组活动和公开课及评课活动一定会看到我的身影,因为这是向身边人学习的最直接、最有效的途径。为了防止听课过程"营养流失"过多,我常常用手机把全过程录音下来,课后再学一遍。而气氛热烈的备课组交流、精彩纷呈的各类公开课以及专家恰到好处的"画龙点睛"的点评,总是让我眼前一亮,受益匪浅。

毫不吝啬地点赞学生,坚信"好孩子是夸出来的"

有一种很简单的教育方式,它能满足学生的渴望,让学生保持一份良好的心境和状态,并感受到阳光的温暖,使其满怀信心和希望!那就是——点赞。古人说"良言一句三冬暖"。点赞学生,可以让学生获得情融融、意切切的心灵感受,能唤起他们的进取心。

工作中我曾经碰到过这样一件事,印象深刻。2013 年下半年,我代高三两个西藏班的课。有一个名叫景楠静的女孩走进了我的视野。该学生因身体不好,曾休学一年,学习基础较好,但怕写英语作文,英语成绩不够稳定。在了解这一情况后,我课后常常找她谈心,不断鼓励她,并在她的英语作文后,写下了这样鼓励的话:"You have talent of writing. Keep working hard and you'll make greater progress."而后把她的那篇英语作文在全班同学前展示。不久,她由原先的烦写、怕写英语作文,变成了会写、要写。2014 年 7 月 30 日那天,我收到了来自西藏的她的短信息:"罗老师,谢谢你平时对我的鼓励,我考上了人大。"

援疆支教，无怨无悔

2010 年 12 月 20 日，我带着南通人民的期望和学校领导的重托，怀着对边疆民族兄弟的深情厚谊，来到西北边陲新疆伊宁县二中，开始了为期一年半的援疆支教。援疆支教对每位“援友”来说，都是一次磨练，毕竟它打破了原有的生活规律，要求具备吃苦耐劳的精神。对于我这个年近五十的人来说，更是一次挑战，不仅要克服许多意想不到的困难，如气候干燥、交通不便、水土不服、语言不通、人身安全等等，而且要有“舍小家、顾大局”的牺牲精神。

2011 年 3 月的一天，我刚从南通到伊宁县二中上班不久，就接到了姐姐从南通打来的电话，告诉我八十多岁的母亲的老毛病又犯了，住进了重症病房，问我是否能请假回通。当时，我内心非常矛盾，一边是处于高三第二学期、面对高考冲刺关键阶段的学生，耽误不起；一边是年迈病重的母亲，在她最需要儿女照顾的时候，做儿子的却不在身边。曾经多少次我梦里回到母亲的身边，但看着即将参加高考的学生期盼的眼神，我把请假条扔进了废纸篓，毅然决然地坚持着并坚守在三尺讲台，直到把这批学生送进考场。

援疆一年半时间，除了规定的放假在通休息外，在伊宁二中上班期间，无论是冰天雪地的严冬，还是烈日当头的酷暑，我都坚持到校上课，给学生耐心细致地辅导，很少休息过。经过不懈努力，我所支教的班级在 2011 年高考中取得了骄人的成绩，创造了伊宁县二中历史上最好的水平，王娇、刁振华等一大批学生考取了理

想的全国重点大学。2011年底,伊宁县委、县政府授予我“先进个人”的光荣称号。

身边的榜样,前行的力量

这是一个榜样辈出的时代,各种各样的榜样,在不知不觉中成为我们心中的坐标,它是一面镜子,是一面旗帜。

谈起援疆支教,我要告诉各位朋友:“我是个幸运儿,我所取得的进步和点滴的成绩,都离不开我的兄长、老前辈姚明老师给予我的帮助和影响。他是我的榜样,是我前行的力量。”姚特,是江苏省中学语文特级教师姚明老师,他对我帮助很大,我敬重他。支教初始,姚特语重心长的话至今还萦绕在我的耳际:“老罗,你我是来支教的,我们都来自南通中学,我们应该在教育教学工作和各项活动的每个环节上做得最好,起到榜样的作用。”他是这样说的,工作中也是这样做的。我们俩教同一个班,朝夕相处,并肩作战,克服了重重困难。由于住所离学校路途较远,交通不便,特别到冬季,常常下鹅毛大雪,路上积雪很深,只能徒步去学校,而每次到了学校鞋里都浸满了雪水,时间久了就会生冻疮。而且,因为路滑,路上摔跤对我们来说已是家常便饭,但我们毫不畏惧,迎难而上,为了心中的“彩虹”,风雨兼程。当地的校长关心地问我们下雪天徒步上班习惯吗,我们总是笑着回答,这是很好的健身运动。一年半中,我们从来都不会因为冬天的大雪或夏天的沙尘暴等恶劣的天气而迟到过一次,总是属于每天最早到校的一批老师。下班后,吃过晚饭,还利用休息时间,常常挑灯夜战,集思广益,讨论校情、学情、考情,针对新环境、新问题,调整和采取新的对策,常常工作到深夜。为了能起到引领和示范作用,我们组建了“姚特工作室”,定期开设公开课,组织和开展了多次的教研活动,受到好评,在伊犁河谷产生了深远的影响。

为了能把援疆的经历记载下来,我坚持每周用英语撰写一篇博客。我用读来实在、自然的文字,告诉朋友们,当时我的生活、工作状态和精神面貌。下面我们挑选出其中的一篇博文与大家分享。这博文记载了我和其他援疆教师一次难忘的家访:

An Unforgettable Visit

Today is Nov. 7th 2011. It is very special for me. Nov. 7th is Eid-al Adha festival(伊斯兰的古尔邦节或宰牲节), on which Muslims around the world offer prayers at a mosque and slaughter sheep, goats, cows and camels to commemorate Prophet Abraham's willingness to sacrifice his son Ismail on God's command. But I knew little about the festival until we paid a visit to one of my students' home.

I hav been working as a teacher in No 2 middle school of Yining county for almost a year and there are several students in my class who come from minority family believing in Islam. So friendly and hospitable are they that they sincerely invited us to their homes to celebrate the festival together with their family. We had to choose one of them as our interviewee.

She is called Ma Yuzhen, a very lovely and hardworking student, whose father is head of a mosque in the local area. Early in the morning we group of four set off on the journey to her home. With the help of the local people we found Ma's. Ma Yuzhen together with her little brother had waited for us on the roadside for a long time before we arrived. The moment I entered her courtyard, I was deeply impressed by what came into my eyes. Everything was in good order and everything was clean and in a good place. The house was surrounded by poplars which are very common in Xinjiang. We were warmly welcome by her family.

There are seven people in Ma's family, that is, her parents, her three sisters, a younger brother and herself. Ma's mother was cooking some special dishes for us . Standing by the tank was her elder daughter who was busy washing some apples and pears. Hearing our footsteps she turned around and greeted us with a sweet smile and luscious voice. Her slender figure and attractive appearance reminded me of Cinderella at once. Accompanied by her we entered the guestroom. It was decorated with lots of bright-colored flowers and on every wall were pasted many medals won by the four sisters. We were treated with many kinds of dried fruits and nuts. We had a pleasant and heart to heart talk with her father over the tea. We discussed about our Party's policy on Minority and we all firmly believe that united as one, we Chinese can stand and that Xinjiang will have a brighter future.

After tea and simple dinner, we were shown around one of the local mosques which were newly-built. Old Ma introduced to us about the ceremony of sermon in detail. We learnt a lot from the head of the mosque. He and his family left us a very deep and everlasting impression.

一年半的援疆生活忙碌而短暂，我有过失落，有过孤独，但更有欢笑、喜悦和收获。尽管它像一杯清茶，没有浓丽的色泽和醇香的味道，淡淡的清香却让人回味无穷。援疆支教，成为我人生浓墨重彩的一笔，成为我感受深刻、难以割舍的情怀。

难忘出于平凡

夏敏敏

夏敏敏，1969年8月出生，中共党员。1979年8月至1985年7月就读于南通中学，1989年8月毕业于南京师范大学数学系，毕业后又回到母校工作，在通中学养深厚的文化熏陶中成长，曾多次在南通市教学比武中获一等奖，多篇文章在省市级刊物发表，其中有一篇被人大报刊复印资料收录。2002年被评为中学高级教师，2010年2月被评为南通市骨干教师，现任南通中学数学教研室主任。

我是一个普普通通的数学老师，一直在南通中学教书，今年是工作的第二十六个年头；我也是一个普普通通的班主任，算算班主任任职已到第十八年了。这么多年来，接触的学生多了，自然就摸出点门道，略懂这个年纪孩子的脾气爱好，工作说不上让人难忘，倒也问心无愧。

我家算是教师世家，祖辈上出过不少教师，父母都念过书，但是因为“家庭成分”不好，进不了重点大学，便当了教师，兢兢业业为教育事业奉献了一生。父亲从小教育我：“教育是国家的根本，无论什么时代都需要老师。所谓教书育人，就是通过教书来育人，教书是方法，育人才是目的，在学校不仅要学知识，更重要的是要学做人。”

十岁那年，我进入南通中学学习，在这里度过了六年美好的中学时光。老一辈教师们，用无私忘我的工作完美诠释了“诚于做人，恒于学问”的诚恒校训，通中是一片乐土，大家学有所乐，学业得到提高，个性得到发展，品质得以传承。那时候我还小，是其中最普通的一员，但是通中精神深深感染着我，激励着我，也让我缘结通中。在父亲的鼓励下，我考入了南京师范大学数学系，经过了四年规范严谨的训练，回到了母校，成为了一名中学数学老师。

父母是中年得子，从小对我疼爱有加，我上学又早，师长们对我也是关怀备至。从小到大，我在一个充满关爱的环境中快乐长大，于是当我自己成为一个老师的时候，我想把这份爱传递给学生，传递给同事，传递给朋友，传递给家人。作为一个老师，我希望每一个学生都能沐浴在爱的阳光下，做最好的自己。有了这样一种信念，我很快和学生们成了朋友。少年不识愁滋味，孩子们有些心思总是要说出来的，这时候当一个倾听者更为重要。我很少找学生谈话，大部分时候都是孩子们主动来找我谈谈心、聊聊天。学习跟不上苦恼了，找我聊；对未来迷茫了，找我聊；同学之间有龃龉了，找我聊；对某些班干部有看法了，找我聊；男女生之间有些朦胧情感无所适从了，找我聊；甚至于父母有矛盾了，也找我聊。在“被谈心”里，我惊喜地发现师生关系变得越来越融洽了，一些学生懂得理解了，一些学生懂得宽容了，一些学生懂得谦让了，一些学生懂得自律与自制了。有些孩子进入大学后，甚至工作了、组建家庭了还不忘找我“谈话”呢。我经常“被谈话”到很晚才能回家，感觉累并快乐着。那时候才工作，我比学生大不了几岁，他们都亲切地叫我“敏敏姐姐”。有趣的是，过了这么些年，我的儿子都比这届学生大了，他们也没给我封个“夏师太”什么的，居然还叫我“敏敏姐姐”。和学生们在一起，真是感觉不到时间的流逝,好像自己永远年轻,恰如孔子说的,乐以忘忧,不知老之将至啊!

现在的孩子大多是独生子女,每个都是家长的心头肉,能进通中的学生更是个人素质拔群。我常常惊叹于这些孩子们的才干,因此也寄予他们更多的希冀。作为班主任,我希望能建立起班级共同的理想信念、价值观念和行为准则。就像父亲时时强调的那样,要成才先要成人,我希望经过高中的三年,我的学生能彼此信赖与敬重,有责任心、公正心,懂得关怀,遵守公德。这些说起来容易,做起来是要与全班同学一起下水磨的功夫的。通中的难忘教育是见微知著的,不仅在于宏大的仪式,更在于日常的每一天、每个人所做出的向心的努力,正所谓积跬步而致千里,那些最平凡的细节最为难忘。淘气的孩子可能因为排自行车认真被表扬了一下,从此做事上了心,默默奉献班级;家境贫寒的孩子可能因为老师一次简单的家访,放下心结,积极参加班级活动,变得落落大方;骄傲的孩子可能因为一次深入的谈心,慢慢调整心态,一步步踏实前进……二十几年的教师生涯遇到这样的例子不胜枚举,大约每一个都能写个教科书般的教师工作实录了。其实,这些对于每个教师来说,是必然会经历的,每一件事情都是平凡而又不平凡的,平凡在于场景的相似性,不平凡在于这可能对于一个人来说是转折点,这一桩桩一件件构成一个人、一个集体,同时也是一个教师。

老班主任们都知道,一个真正好的班集体展现在它的延续性上。记得 2011 年,孩子们在高考中取得了优异成绩,最后一次班级总结中,班长汤明嘉同学以“班魂”为题,很理性也很深情地回顾了三年来班级在文化建设方面的一系列举措以及效果。他在总结中写道:“瞄准班级目标不断努力的过程,就是铸建班魂的过程。三年的时间,我们班的学生在班级目标的引领下,逐渐形成我们班级的精神,即负责精神、进取精神、团队精神,这样的精神逐渐融入每个成员的思维与行动模式之中,形成了班级成员共同的性格与气质,最终打造成一个团结友爱、积极向上、具有较强凝聚力、具有高远目标的班集体。”

在高中学习阶段,有家长的关怀,老师的敦促,班级要井然有序并不困难,毕业才是检验一个集体凝聚与否的时刻。2011 届的同学们,上大学之后,自发地根据所在学校的地理位置分成了几个区域,比如华东区,东北区等等,然后选出了区联络人,同一个区之内时时串门,区与区之间常常组团联系,班里的联络 QQ 群更是热闹非凡。如今他们已经毕业三四年了,这帮孩子们亲如兄弟姐妹,大小假期都会找机会相聚。

成功的难忘教育带来的成果是终身性的，是不以高考为结束标志的，它更会让这些聪明的孩子们带上令人难忘的特质，通俗点讲应该就是高情商。还拿2011届学生举例，他们毕业后的那年年末，我有幸被评为学校第二届“难忘教师”，颁奖典礼时，我万分惊讶地看到这些熟悉的身影再次聚集在了一起。没有提前告知我，这些学生们悄悄从各地的学校赶了回来，赶回来在典礼上向我献花祝贺！看到这一张张刚入大学稍显成熟又稚气未脱的笑脸，手捧鲜花出现在台上与我拥抱的时候，我真的是无比感动，所谓做教师的幸福莫过于此，他们给我上了难忘的一课。

对于一个教师来说，最本职的工作是教学。作为一个数学老师，我希望能够帮助学生形成数学观念。数学是一门遵循严格逻辑的学科，因此我致力于知识发生原因和发生过程的教学，注意将知识学习和思维训练以及能力培养紧密结合起来，这样才能让学生不仅学到了真正的数学知识，更重要的是领悟到数学处理问题的观点、思想、方法，感受到生活中处处有数学，培养起学习数学的兴趣。

这些年，市面上各种练习册、补习班越来越多，让人眼花缭乱，质量也是参差不齐，学生们很多时候都在赶场子，上完了学校的课还要出去各科补习，然后抽空完成作业，大有疲于应付之感。回想起我上学那会儿，补习班还不盛行，市面上也就几种教学参考书，大部分是提供给老师看的，为了一本练习册，我和同学们曾经搭车到港闸区的一家书店去买。当年是一本练习册反复看，现在是几本练习册挑着做，学生们的题是越刷越多，自己看书的时间是少之又少，题目要是一变，变得脸生了，就做不出来了。不得不承认，许多孩子虽然做的题多，但是基本功薄弱，自己没法完整地做完大题。我的想法是在教学中不要贪多求难，一定要知其所以然，打好基本功，题目自然是万变不离其宗的。我常常和同学们打比方，做数学题就像体操比赛，先顺利完成规定动作，然后加难度系数，自然能得高分，否则规定动作都做不好，掌握了再花哨的动作也是徒劳，这里的规定动作就是基本功。

我很自豪，一届届的学生都能听我的话，定定神神体悟原理，踏踏实实做题目，虽然作业不多，但是基本功都训练得很扎实。不管大考小考，他们始终发挥稳定，均分总是名列前茅。学数学如此，做人更是如此。我的学生们许多都步入了工作岗位，晋级成为父母，他们中少有鲜廉寡耻之徒，一个个都成为了业务能手，在各行各业中脚踏实地地努力工作，奉献着社会。

打好基础之后，我会给同学们解析一些难题，所谓难题其实与普通题目的差距就在几个关键点上，也就是我们所说的难点，其余的都是依赖基本功可以顺利完成的。因此在讲解难题的时候，我会着重指出这些难点，然后各个击破，尽量做到条分缕析地解题。同学们在训练的时候会感受到这是一种自上而下的解题，而不是纯粹逻辑的线性推演，就像写作文先有一个提纲，解题的时候也是一样，不是拎起笔来就解，而是在解题之前就把整个解题过程分成几段，每段的中心就是预判出的难点，每段的展开就是为了击破难点，如此一来面对难题的时候也能做到心中有数。通过这样的学习，同学们基本就能够做到举一反三，做一题能学会一类问题，毕竟思维的方法是相似的。

通中一直有个“青蓝工程”，简单地说就是老教师带年轻教师。回想起当年，陈旻老师和徐泽洲老师还有许多前辈对我关照有加，在工作中无论什么时候遇到困难总有人愿意手把手教我，他们会牺牲休息时间来听我上课，课后和我一起做总结，然后再听我上课再总结，如此反复。是他们无私的教授让我很快熟悉了教学，使教师的工作步入了正轨。

光阴荏苒，一转眼我也是“老教师”了，看着年轻老师们充满活力、干劲十足的样子，我仿佛看到了当年的自己。一个人事业起步的时候就像飞机起飞，这时候要是有人能推一把就能很快地一飞冲天。我的徒弟秦霞老师非常勤奋并且聪颖，我也努力学着我的老师们一样和她交流，取得了令我很欣慰的成绩。秦霞老师获得了省市“比武”的一等奖，如今她的教学已经完全可以独当一面了。2012 年，我和她被评为南通市“青蓝工程”优秀师徒，算是给我俩的工作的充分肯定，我希望这样的年轻老师路能够越走越宽。

老师虽然有令人羡慕的寒暑假，但是平时的工作时长是相当长的，除了在学校的时间，回了家还要改作业、改卷子、备课，家里的事情常常照顾不过来。我是一个老师，同时也是一个母亲、一个妻子、一个女儿。对家人，我常常有些歉疚。前些天听儿子回忆小时候的事，说小时候我带他睡觉，他躺下了，我还要坐在床上备课，灯开着儿子睡不踏实，就老吊着我肩膀说："妈妈早点睡嘛。"那时候，我被三番五次催了还会发火，然后儿子就不敢作声，可怜巴巴地等我备完课再睡。孩子上幼儿园的时候，总是一个人等在幼儿园的传达室里，等我下班接了才能回家，其他小朋友已经早早回家了，孩子倒也从来不埋怨什么，懂事得让人心疼。一直以来，大家都以为老师的孩子近水楼台先得月，会得到更好的教育资源，事实上恰恰相反，老师的工作是全天候的，大部分时候根本顾不上自己的孩子，孩子的学习就全靠自己自觉，幸好儿子还算争气，学习一向不要我多操心，后来以不错的成绩考入了复旦大学。我感到很欣慰，同时对孩子还是有些歉疚。

家中的老人年事已高，难免要生病。2012 年的元旦，父亲突发心肌梗死，当时我正好教高三。父亲在医院抢救治疗，离不开人。学校里的教学到了关键时期，万万松懈不得。家里儿子也到了要高考的关口，我却无暇陪伴，要和爱人轮流守在医院。那 20 多天里，我白天在学校上课、改卷子、批作业备课，晚上到医院，全程陪护父亲。好在苍天不负有心人，父亲转危为安，而孩子们的数学成绩也有了显著提高，在那年的高考中，交上了一份满意的答卷。随着两边老人家年纪越来越大，生病的频率也越来越高，我常常要在医院、学校、家三点之间转圈圈。我给自己立下规矩，无论如何学校里的工作不能有丝毫马虎和松懈，毕竟我是两个班的数学老师，又是班主任，一百多个学生、一百多个家庭，他们的未来和我的努力程度休戚相关，我必须要认真负责，对得起这些孩子们，教师的身份是一种很严肃的责任。

最后，我想讲两个小故事，它们珍藏在我心底很多年。这故事关于感动，关于使命，关于希望，还关于其他很多很多，我无法去概括它们的意味，最好的方式恐怕就是直接讲出来。

第一个故事关于一个乖巧的男生，他在大学即将毕业的时候脑部血管瘤破裂，命悬一线。在动了大手术之后，他得救了，但当时他几乎完全失忆，连父母亲都不认识了。在恢复疗程里，他的主治医生也姓夏，家人告诉他这是夏医生，他说："我知道，这就是我们夏老师。"家人听后非常诧异，赶忙请我去看他，他那时候头上裹的纱布还没拆，躺在病床上，居然真的认识我，还记得自己上学的时候住校，吃过我给他煮的鱼。

第二个故事已经是二十年前的事情了，同样是关于一个男孩的。他很聪明，不过也很贪玩。可怕的是，那年男孩的父亲被检查出得了肝癌，晚期，我被他母亲请到病房的时候，他父亲已经快不行了，形容枯槁，脸色蜡黄，身上插满管子。我记得他父亲努力睁开浮肿的眼睛，用干枯的手拽着我，和我讲："我这辈子最大的心愿就是能看到我儿子考上大学，孩子就拜托给你了，夏老师。"不久之后，男孩的父亲离世了。我和男孩的老师们尽一切努力去帮助他，帮他有针对性地复习。最后，他以优异的成绩考上了重点大学，了却了一个父亲最后的心愿。

做老师，虽然平凡，但是一种难忘的生活。

为学校付出是我的本分

陶大双

陶大双,1972年出生,电工技师。1991年8月参加工作,成为南通中学后勤处的一名员工,先前在通中食堂担任厨师,通过自学获得电工证书,2002年9月任水电工,负责学校水电、广播音响、太阳能热水器、电话等养护维修。工作肯担当,能吃苦,2002年、2003年被评为学校德育先进工作者,2005年受到市教育局嘉奖,2007年、2008年、2009年连续三年年度考核优秀,被记三等功一次,2011年被授予第二批南通中学"难忘教师"荣誉称号。

1991年9月，我从如东县烹饪学校毕业后，来到了江苏省南通中学，成为学校食堂的一名厨师。2002年，根据学校领导的安排，我又当上了学校的电工。

23年来，我珍惜名校工作的岗位，踏实工作、任劳任怨，不管什么时间，哪怕是深夜，只要学校需要，一个电话，我准会及时赶到，排忧解难；尤其是在人手少、事情多的情况下，整天忙得团团转，但也毫无怨言，从不叫苦叫累。由于领导的培养和同志们的帮助，我先后获得了电工初级、中级、高级、技师职称。2002年、2003年被学校评为德育先进工作者，2005年工作考核优秀，2006年受市教育局嘉奖，2007、2008、2009年连续三年工作考核优秀，2010年被记三等功一次，2011年被学校授予"难忘教师"称号。这些年来，学校领导授予我这些荣誉，我深感惭愧，因为我觉得作为一名学校普通的工作人员，为学校付出，这是我的本分。长期以来，我主要作了这几方面的努力。

乐于吃苦，寻管"闲事"

我在学校是个"忙人"，这是事实。自从担任学校电工以来，我就身不离电工包，时刻准备修理，在教学楼、食堂、学生公寓、水泵房……时常能看到我工作的身影，有时爬在高处换灯管，有时在厕所修水管，有时抡锤拿铁锹挖路埋线管，整天没有个闲的时候。有人称我是个做不"死"的人，一年到头，天天不是忙这就是忙那，从来闲不住。很多时候我还陪学校保安上夜班，他们叫我回去休息，我却说："我陪你们上夜班是为观察学校的水电情况。大家回家了，我要到处走走，听听看看，万一哪里水电发生情况，我就能在第一时间到现场处理。只有不发生问题，我这一夜才能睡得安稳。"

我常常每天工作12个小时以上，有时回家吃顿饭也着忙，家里的里里外外全交给了老婆，孩子的生活、学习很少有时间过问。从没有陪家人度过一个安顿的休息日，也从不陪孩子逛公园、看电影。在他们的心目中，我是家里的一个匆匆过客。

在日常工作中，我的脑子里总是思考着学校里的工作，只要哪里没有做到位，我都要去查一查，不干好不罢休。本来日常工作要加班，需要领导安排，而我总是自发的，从不张扬，不计报酬。领导吩咐的事，不折不扣地完成；领导没吩咐的事，我也不声不响地去做好。有时为了完成一项工程，甚至到凌晨两三点钟，还在空旷的校园里忙碌。许多同志看了后说我是"拼命三郎"。领导也曾这样评价我："如果说别人投入十分，那陶大双是将十二分的精力投入到了工作。"听了这些我总觉得过誉了，我只是吃了点苦，但这是我的本分、我的职责！

2013年2月4日凌晨一点多钟，巡查保安队员发现南校区崇问楼北侧有水从下水管流出，水量很大。保安队员立即向队长汇报，队长和巡查队员进行了检查，发现是顶层水箱外侧的水阀门漏水。面对喷涌而出的水柱，大家束手无策。但是如果等到天亮再找人修理，除了浪费大量的水外，还有可能由于出水量大，排水不畅等原因，水外溢流入室内，造成更大的损失。值班保安毫不犹豫地说："只有打电话找陶师傅，他肯定能解决。"

我接到电话，二话没说，立即赶往学校处理险情。一到现场，只见大水倾注，水花四溅，要堵住水流第一步必须关闭好阀门。由于出水量大，人无法接近阀门。此时已近凌晨两点，正是寒气逼人之时。我请保安队员找来雨伞和雨衣，让保安撑雨伞，自己穿上雨衣，沿水管慢慢接近水阀。但因水阀长期不用，锈蚀严重，水阀的位置较高，使不上劲，无法关闭，两人无功而返，身上的衣服有的部位被淋湿了。在这紧要关头，我没有退缩，找来工具，再次冲进刺骨的寒水中。经过顽强拼搏，水阀被慢慢拧紧。在天亮前漏水处被修复，保证了学校上课不受影响。这时我的衣服从内到外全部湿透，保安立即拿来衣服给我换上。虽然冻得瑟瑟发抖，但我心里却是热乎乎的，因为我为学校尽了一份责任。这时天已亮了，我又不声不响地开始了新的一天的工作。

我在学校名义上是电工，但具体究竟是什么工种还有点说不清。学校电器坏了归我管，水管漏水要我去修，还经常拿着泥刀一变身便为泥瓦匠，这儿修，那儿补，事事我都寻着干，有人说我是一个爱管"闲事"的人。我总是笑笑说："多做点'闲事'，心里舒坦。"

2002年9月，为提高学校安防技术能力，校园监控系统安装到位。监控报警维修、保养对后勤工作来讲，是一项全新的业务，学校没有人懂，也没有人愿意揽这个事，爱管闲事的我，主动请缨，负责系统的维护、保养。一切从零开始，我从书店买来专业书籍学习，有时为了弄清楚一个问题，在监控设备面前研究好几个小时，掌握了监控、报警设备的维修和保养方面的业务知识，并逐渐能熟练掌握监控报警安装、修理方面的技术，基本上完成了从"门外汉"到"技术师"的转变，现在我能够为学校南北校区监控报警系统提供安装调试、维修、保养一条龙服务，为学校一年能节省不少维修经费。

刻苦钻研，边学边干

我从厨师改行为电工，在业务上必须从头学起。我只有职高的学历，要使自己适应新的工作，认真学习、刻苦钻研就显得尤为重要。以前我对工作上的一些不懂的问题，常常是看在眼里急在心里，对许多难题不知如何解决是好，为此我经常利用业余时间阅读业务书籍，有时钻研到深夜。多年来，我积极参加各种学习和培训，努力学习电工理论知识、供电系统知识、变压器的运行和维护、电动机修理和维护、消防控制系统维修、监控报警系统维修等有关系统知识。通过培训和自学相结合、理论和实践相结合，边学边干，快速提高了自己的业务水平和理论水平，并用来指导工作实践。

2013 年 6 月，学校进行校舍加固工程施工。我正好利用这个机会，对已经不适应学校发展需要的线路进行改造。

原来学生公寓的线路，就一个控制开关，给维修管理带来难度。为安全需要，学生公寓要求白天将热水器、空调等大功率用电设备切断电源，晚上再打开。让学生每天轮值开关，公寓管理员每天检查，虽然大家花了很多精力，但还是会经常出现忘记开关的现象。为了彻底解决这一难题，使线路改造更加合理美观、更好地适应公寓管理需要，我克服底子薄，专业知识不够用的难题，积极查找资料，翻阅档案，主动向设计院专业工程师请教，确保设计线路科学、可行。经过改造后，将照明、空调、热水器线路分开，并利用“微电脑控制器”将供电时段、供电区域进行集中统一控制，整个控制线路基本实现了自动化，可以避免人为控制出现的失误。

有了成功的经验，我便主动找“麻烦”，决定将平时在工作中发现需要改造的地方，全部改造到位。为了实现这一目标，我吃住在工地，每天和施工人员干在一起，一天到晚不回家，连续两个多月奋战在施工场地。两个月来，对食堂开关箱进行改造，将线路重新整合，增加了智能化系统，减少了开资，提高了安全性。过道感应灯，经过技术改造，增加电子元件后，运用在学校的卫生间；控制电磁阀，能够任意延长或缩短开关时间。这样就杜绝了长流水、长明灯的现象。在计算机教室，采用分流的方式，将一只开关管理 12 台电脑改为管理 4 台，将电源直接接入电脑桌内，用电脑桌接地，用绝缘板使插座跟桌体分开，增强用电安全性。

由于工期短、时间紧、突击性强，为赶在开学前完成实验楼电脑教室的线路改造任务，我和同事连续七天连轴转，实在困了就轮流睡在地板上，经过艰苦奋斗，顽强拼搏，终于用辛勤的汗水换来了工程的如期竣工。

2012年10月，经常有师生反映教学楼饮水机跳闸。为了解决这个问题，我经过反复试验、查找，找出了问题的症结：原来老教学楼内的电源线路是一层一个总开关，所有插座的零线是合在一起的。通过反复研究论证，我决定将废弃的电视线路管道改为饮水机专用线路，进行集中供电，这样就解决了跳闸问题，保证了师生能正常饮水。

功夫不负有心人，通过自己的不懈努力，我已逐步成长为一名成熟电工。在我的脑海中已牢牢地烙印着全校线路、管道网络图，每年都能较好地完成设备检修、维修的任务。

我是工作在一线的电工，深知安全工作的重要性，对待工作绝不能敷衍马虎，特别是从事的特殊行业，不严格要求自己，危险随时都会出现。《电工安全工作规程》是用无数血的教训写出来的，只有认真学习，把书本的知识运用到实践中去，一切安全事故才能避免。我作为电工组组长，对下属严格要求，从事关生死存亡的高度，教育大家要高度认识安全操作的重要性，对违规从不听之任之，更不护短，针对学校安全工作的特点，坚持每日巡查制度，加强动态管理，变被动等待报修为主动发现，立即抢修，将一些安全事故隐患，解决在萌芽状态。

为了更好地适应不断发展的学校电器设备维修需求，我从不满足，今年又参加了再教育大专学习，决心以爱岗敬业、不断追求、不断超越、积极进取的精神去影响别人，用自己的实际行动去获得全校教工的认可。

关爱职工，热心助人

多年来，学校从人文关怀的角度出发，要求后勤部门为教职工家庭提供小型维修服务，我除了承担全校水电维修这一繁重任务外，还要负责全校教职员工家庭水电维修，经常起早贪黑、加班加点、热忱服务，积极为教职员工献上一份自己的爱心。

我在制度范围内，对老师、工友、退休老同志，实行承诺服务，坚持全天24小时电话畅通，随叫随到，一接到报修电话，就立即上门检修，一般故障立即修，特殊故障不过夜，用自己的辛劳和热情的服务，赢得了老师和工友们的好评。

2011年7月21日，退休教师周度，年老体弱，打电话给我，说家里厨房线路故障，要我去看一看。我冒着酷暑来到他位于姚港路12号的家。经检查，原来是线路老化引起短路。按理说，将老化的线路换掉就可以交差了。但我看周度老师行动不方便，觉得应该帮帮他。于是我决定将他家老化的线路、陈旧的吊顶和水管进行全面整修，彻底消除隐患。炎热酷暑，我拉线埋管，将原来老化的线路淘汰，按照周度老师的要求将一些家用电器线路重新规划，水管重新布置安装，吊顶全部换新，一个人忙了整整十一天，并把一些垃圾用编织袋装好，一袋袋搬到楼下运走。周度老师为了表示感谢，要支付一笔辛苦费，我坚决拒绝了，并说："周老师，你们过去为学校工作付出了很大的辛劳，作出了很大的贡献，我为你们做这点事哪里还要什么报酬……"

我常常这样告诫自己：在职的教职员工在一线工作很辛苦，我应当好他们的后勤，让他们安心工作；为退休的老教师服务，让他们感受到学校的关怀和温暖。我自己年轻，多吃点苦算不了什么。

做学生心灵和思想的引领者

李建冰

李建冰,中国化学学会会员,江苏省化学学会会员,南通市化学学会理事,南通市化学学科局直学科带头人,中学高级教师。1975 年高中毕业下乡插队落户,做过三年“知青”。改革开放后,又当过一年代课教师。1979 年 9 月考入苏州大学化学系学习,大学毕业先后在如东县栟茶中学、南通市第二中学担任高中化学教师,1993 年 9 月有幸调入南通中学工作,现任南通中学化学教研室主任,中国民主同盟江苏省南通中学支部主任。

一、我的难忘老师

2012年年底，我荣幸地被评为江苏省南通中学第三批“难忘教师”，当我从韩书记手中接过“难忘教师”证书和奖杯的那一刻，我有许多的感慨，想得最多的问题是：谁是我的“难忘教师”？

当天正好南通电视台的记者现场采访我，我说我现在被评为“难忘教师”，使我想到了在我的50多年的人生和30多年的教育教学经历中多位对我的人生成长和教育教学有深刻影响的“难忘教师”和“难忘学生”。

我的第一位难忘老师是我的爷爷，他叫李风清。小时候由于家里住房紧张，加之比我大的都是姐姐，所以从记事开始我就和爷爷头靠头睡在一个房间，爷爷对我的影响主要在做人品行和数学知识启蒙。爷爷的经历比较坎坷曲折，他几乎不识字，十三岁从农村来到南通城南门口附近一间烧饼店当学徒工，十六岁学徒将要满师时，老板出于个人目的，说爷爷逢年过节休息时间要增加三个月才能满师，爷爷不愿向蛮横无理的老板低头，毅然背着父母去当兵。

爷爷当兵的军队是当时中国装备最好（德式装备，配有伯虏克大炮）的新式军队——袁世凯的新兵营，在天津晓庄驻扎和训练。由于是当时中国装备最好的军队，所以爷爷是见过大世面的人，当年慈禧太后从北京到河北承德避暑山庄都是爷爷所在的军队护送的。爷爷在军队官至排长，由于袁世凯的原因，这支部队后来被解散，离开军队后爷爷到张謇的大生公司当了当时的“实业警卫团”的团长（当时张謇的大生公司正在唐闸镇兴建），“实业警卫团”负责武装押运从启东和如东向大生公司输送的生产原料棉花（当时常有小股的强盗抢劫运输船队）。

爷爷经常给我们讲他的经历，其中给我印象深刻的一个事例是，20世纪“文化大革命”中听到广播喇叭中宣传祝家庄农民起义如何如何，爷爷告诉我们真实的情况并非这样，他们的军队当时也参与了镇压祝家庄农民起义，德国的伯虏克大炮一响，寨门立即烟消云散，在冷兵器为主的时代，祝家庄农民起义的结局是很惨的。当我年纪逐渐大了并有一定的政治头脑后以后，想想爷爷当时“文化大革命”时期敢讲这样的话还是要有胆量的，爷爷给予我性格上的影响比较大，使我懂得为人要刚直不阿、实事求是。

爷爷晚年开一个小烟铺为生，他对我另一方面的影响是出自民间算账窍门的数学方法和数学思想。我的童年生活远不能和今天的儿童生活相比，无非就是推推铁环、玩玩铜钱等，每当玩累时，就帮爷爷卖烟，我的加法、减法都是在帮爷爷卖烟的过程中领悟到的，当然也是爷爷多次教会的。我在上小学前就已经学会了除法，可能大部分人不相信，但现在想想我的除法思想还真是爷爷培养的。20 世纪 60 年代，当时人们生活水平不高，收入低，能买整包烟的人就算是有钱人了，所以大部分香烟都是拆零按支卖的，远不如今天的人们动不动整条整条地买烟。每包烟二十支，一包两角八分钱的香烟，五支烟七分钱；三角二分的香烟八分钱五支；两角九分、三角钱一包的烟三分钱两支，这些我在卖烟的过程中熟练掌握，所以我在小学和初中的数学学习很轻松。

爷爷对我的影响是多方面的，比如爷爷做事有始有终、条理分明、有坚强的毅力，爷爷 90 多岁还靠自己的劳动、亲自批发香烟自己销售作为生活的经济来源；爷爷一生几乎没有什么不良嗜好，不抽烟、不喝酒、不赌博，每个月农历的初一、月半、逢八、逢九、二十三和二十五都只吃素，即使逢年过节也不例外，很有毅力。由于从小和爷爷生活在一起，他的举止言行深深地影响了我，爷爷是我的第一任“难忘教师”。

另两位给我深刻影响的“难忘教师”是我本科大学——苏州大学一年级时的高等数学老师张必磺老师以及大二至大三时的物理化学老师陈庆安老师。

我 1975 年高中毕业，响应号召到南通市胜利公社团结一队（今闸西乡井字圩村）下乡插队落户，当了一名下乡知青。1976 年年底传来恢复高考的消息，我们这些没有关系、没有家庭背景的年轻人终于看到了上大学的希望。我于 1979 年以化学系第二名的成绩如愿考取苏州大学化学系（当时为江苏师范学院，1980 年改称为苏州大学）。由于“文化大革命”，我的中小学只上十年学，许多知识都不完整不系统，所以高等数学是我在大学一年级时学得最吃力的一门功课，但张教师的数学课讲得非常精彩，其中给我记忆深刻的是，张老师数学课从不让我们记流水账式的笔记的，特意把板书写得很乱，特别强调我们上课要专心致志地听讲，学会方法和思想，课后要及时消化练习和巩固。张老师的数学方法和思想给我很大启迪，让我在以后的工作中受益匪浅。以前的化学全国试卷的第二十六题（计算题）犹如现在的数学试卷的最后一题，难度比较大，但我对这种试题一直充满信心，应答轻松自如，现在回想起来与大学时受到张老师数学教育有很大的关系。

大学中另一位给我深刻影响的老师是陈庆安老师。化学系专业课中的物理化学课程是最难的课程，陈老师当时刚从浙江大学调至苏州大学，人瘦而精神，始终充满活力,形象和现在的中国首富马云相似,同时也是我的球迷(我在大学大三大四年级时担任公共系科足球队的队长,系科间的重要比赛他都来为我们摇旗呐喊)。陈老师给我的深刻印象是记忆力超常。物理化学课程中的热力学公式的推导要用积分知识,有时两块大黑板也不能全部写下来,但陈老师上课都是一口气讲授和板演,基本不看备课笔记和书本,令我们所有化学系1979级同学非常敬佩,同时我也感受到陈老师备课是多么认真和勤奋。课后向陈老师请教提高记忆力的问题,他说了一点:每天要到图书室借一本武打小说来阅读有意训练。毕业后在教学工作中,我都是尽量不看备课笔记和课本,以提高教学吸引力和效率,其中的缘由是受陈老师教学方式的引导。

以上三位我的"难忘老师",爷爷对我半个多世纪的做人准则和做人行为有深刻影响,张必磺老师和陈庆安老师对我三十多年的教学行为和教学思想有深刻的影响,还将继续影响我未来的人生行为和教学行为,他们是我终生难忘的导师。

二、我的教师之路

从1978年从教到现在,已有三十七个年头了,从走上教学讲台的第一天开始我就思考一个问题:我要教给我的学生什么?在一次和南通大学的范美香博士的交流中,我认为我的教学生涯经历过三个阶段:第一个阶段是教给学生知识,第二个阶段是教给学生方法和规律,第三个阶段是教给学生思想。

我走上教师岗位也是一个偶然的机会,粉碎"四人帮"后,1977年底恢复高考,我和当时全社会的几千万青年一样,怀着上大学的美好愿望,白天在农村接受贫下中农的再教育,晚上拖着疲倦的身子到母校南通市第十中学上补习班,复习中学早已经遗忘的各科知识(当时理科高考科目有政治、语文、数学、物理、化学,外语作重点大学附加分)。由于我的中小学只上了十年,而且都是在"文化大革命"中上的,加之当时高考成绩还保密不公布,1977年底高考中自已考了多少分也不知道,也没有被录取。1978年初,当时公社知青办的负责人找我,说现在有一个机会,因当时初中是两年制的,要改为三年制,缺少初中教师,要从1977年高考没有录取的下乡知青中选择部分人,经过短期培训后充实到初中教师队伍,户口由农村迁到城市,条件是不能参加1978年的高考,我们公社只有两个指标。我当时犹豫不决,认为有1977年参加高考的经验,1978年又经过半年的复习肯定能考取大学,而家里的父母亲和长辈们都力劝我先解决户口问题,公社知青负责人也力劝我先工作,以后再深造，就这样我到了南通市第十中学当了一名初中化学教师。在教学工作中，我先听我高中的化学老师李梓敬的课，依据培训班学到的教学方法，充分利用课本执教，感情上和学生们比较近，但知识上总觉得力不从心。于是，我从 1979 年 5 月开始准备参加高考（离高考只有两个月时间）。高考报名时没有照片，我自己找了张底片，到化学实验室自己处理，向理发的师傅借了电吹风机把照片吹干，仓促地报名参加了 1979 年的高考。有 1977 年高考时的准备知识和工作中的积累，我以远远超出重点大学分数线的成绩被江苏师范学院（苏州大学的前身）化学系录取（我当时以教师的身份参加高考，政策要求比应届中学生高考分数多 70 分才能录取大学），能够完整、系统地接受了大学四年的高等教育。大学毕业后分配到如东县栟茶中学工作，担任高中化学教学工作，由于之前有一年的教学经历，又接受了大学四年的系统学习，所以这时我教学比较得心应手。栟茶中学的学生都来自农村，学习自觉刻苦，但有的同学就是化学学不好，因此我就总结化学知识的体系、规律和学习化学的方法，教会学生。无论在如东县栟茶中学还是后来在南通市第二中学工作，这些教学方法，都助我成为一名让学生亲近、受学生欢迎的化学教师。1993 年，南通市教育局改革人事分配制度，实行学校和教师“双选”，我幸运地来到了江苏省南通中学，担任高中化学教学工作，并长期担任班主任工作。

在教育教学工作中，我感觉到给学生再多的化学知识，只要以后不是专门从事化学工作，这些化学知识高中毕业以后两三年就忘记了。如何教给学生难忘的知识，如何让同学们对我这位高中时的化学教师难忘？我要教给学生思想、教给学生终身有益的正确思想，我在教育教学工作中特别注意思想教育。

三十多年的教育教学经历使我从一个无任何教学经验的中学毕业生转变为一个有系统专业知识、有娴熟教学方法和手段的合格的高中化学教师，而要成为学生心目中的“难忘教师”仅有这些还远远不够，还要有能使学生难忘的教学思想和教育思想。

三、我的育人故事

记得2002年我新接了一届高一学生，在分班抽签中，幸运地抽到了当年南通市区中考第一名M同学，抽签结束后我很高兴，踌躇满志地准备好好努力三年，再带出一批优秀的学生。然而过了几天一盆冷水浇来，到新生外地军训上汽车时，M同学的父亲来到我身旁和我说：“对不起，M同学准备转学到启东中学，不参加军训了！”由于时间仓促，没有多谈，我便我带着新高一班级同学起程到军训基地。之后，我热情关心着M同学，多次和她联系，得知M同学心中很向往通中，但父母亲听信个别人，对班上的某位老师有看法。了解这些情况后，向当时的教学分管校长姚天勇汇报并一起先做了多方面工作，终于在军训结束的前一天接M同学来到军训基地，回归了班级。

在高中的三年中，我当作自己的女儿一样关心她的学习、生活和各方面的成长。虽然她的家长不信任我们班，但我凭着对每一个同学的热爱之心爱护着M同学，她也很努力，成长为我校第一位黄馥奖学金获得者。她担任我们班的班长，能有的竞赛和比赛都给她机会，在学习的低谷时期更是关心她，特别是高考二模她的作文不及格时。平时她的作文是强项，在高考中，满分150的语文，她得139分，列江苏省单科第一，作文估计是满分。这是后话了。我看到她比较焦虑，便帮助她分析原因，并请学校的一位资深语文老师帮她分析，以提高她的自信心。在2005年的高考中，她取得了江苏省第二十四名的好成绩，现在香港银行工作，每年教师节和春节她都给我发短信祝贺，我很高兴和欣慰，我的待人热情思想在我的学生身上得到了延续。

在长期的教育教学工作中我还注意到，每一个人在学习和工作中都会有许多的难题和困难要解决，能不能战胜困难和解决问题，往往个人的知识和能力不是最主要的，在很大程度上取决于各个人的意志品质和毅力。这方面教育成功的事例是2012届的ZM同学。ZM同学在初中时就非常优秀，但中考中发挥不理想（当时是通中和一中联办的崇海初中数一数二的学生，中考成绩名列36名）。2009年接手新一届高一年级，了解到ZM同学的情况后，从军训开始就注意对她意志品质的培养，让她参加最艰苦的表演项目；让她担任班长职务，从高二开始她又担任校学生会的主席，班级的各项比赛都让她打头阵，ZM同学被打造成有坚强意志的“女汉子”，并在2011年被评为学校“诚恒之星”。

但是，在2012年自主招生中，ZM同学在校长直荐和自主考试中都没有取得任何加分和资格，对ZM同学来说是受到了不小的打击，我非常担心ZM同学会重蹈中考的覆辙。我多次找ZM同学谈话，鼓励她振作精神，高考不仅是对知识的一次全面考试，更是意志品质的较量，从现在开始的100多天时间要静下心来，拼意志拼知识，争取在高考中发挥正常的水平。2012年的高考，ZM同学发挥出色，以414分的成绩取得学校和南通市区理科第一名。ZM同学在中考中没有发挥好，在高考中有较大压力的情况下正常发挥水平，我想和我注意培养她的坚韧意志不无关系。

从事教师职业后，无论是担任科任教师还是班主任，我都做到公平公正地对待每一个学生，比如我在安排学生的座位时，总是让学生自己先组合试坐，只有在发现不利于学习氛围后再做小范围的调整；班级的班长和团支书都是由学生先主动报名，再由全体学生进行直选，再由班长和团支书提出班委会和团支部委员，差额由同学进行投票选举。

在公平公正对待学生方面，还有一件事令我记忆犹新。1998届，我们班的班长GF同学和团支书GWF同学都很优秀，GWF同学成绩更突出一些，在年级是数一数二的，GF同学的成绩在年级前十名左右。当时，学校分配到省级“三好生”名额两名、“省优秀学生干部”一名。由于省级荣誉高考加20分，竞争相当激烈，学校规定每一个班级只能上报一名学生为候选人，而他们两个当时填报的志愿都是清华大学（1998年是先志愿后高考）。这项荣誉给谁，当时我非常犹豫。按常理GWF同学的成绩比GF同学好，高考加20分可能用不上，给GF同学，用上这20分加分因素的可能性比较大，权衡再三，我决定由全班同学公平公正投票选举。选举的结果是GWF同学当选，后经学校评选上报获省级“三好生”。GF同学的母亲当时也不理解。后来在1998年的高考中，GF同学考了663分，而GWF同学发挥小有失误，考了659分，但可加20分。当年清华大学在江苏省的最低投分线是660分，两名同学都顺利地上了清华大学，都很高兴。事后GF同学的母亲和我交流时也对我当时的决定表示理解。我认为这一年我们班上两名同学顺利考取清华大学可能有运气的成分，同时也是对我公平公正地处理这项棘手问题的回报。

回顾三十多年的从教经历，我从一个青涩的高中毕业生，经过高校系统培育而成为合格的高中化学教师，我经历了中国教育发展最快的时期，经历了高考形式改革最频繁的时期。自己的教学经历了从教给学生知识、到教给学生学习的规律和方法、到最后上升到教给学习正确的思想和世界观，我想教给学生的知识大部分迟早会给学生遗忘，要真正成为学生的“难忘教师”，成为学生终身铭记的老师、学生终身发展有益的老师，在于当好学生的引路人。

教育生涯纪事

王泽华

王泽华，1958 年 7 月出生，中学高级教师，南通中学特级班主任。1982 年毕业于苏州大学数学系，从此成为一名高中数学教师。从教三十四年来，所带班级多次被学校评为文明班级，在历次高考中，学生成绩优良，得到学校、家长、社会的好评。辅导学生参加江苏省数学奥林匹克竞赛多人获得一等奖。个人曾获得南通市教育局三等功嘉奖和南通市优秀教师称号，2010 年度又被中共南通市委教育工作委员会授予“教书育人党员示范岗”，2012 年当选南通中学“难忘教师”。

平凡的人生

我出生于工人家庭，父母文化水平不高，属于“识字”分子。受中国传统文化的影响，他们知道读书的重要性，平时对我的学习要求很严格，也充满无限期望，希望将孩子培养为有知识、有文化的人。我的舅舅、小姨、姨父都是老师，我从小就崇拜他们，对读书学习充满了浓厚的兴趣，渴望长大后也能成为一名光荣的人民教师，为孩子传授知识，播种文明。

我6周岁起，到小姨所在的学校接受启蒙教育。小学时期，我对算术很感兴趣，课堂上能解一些有难度的应用题，经常得到老师的夸奖。就在对未来充满憧憬的时候，“文化大革命”爆发了，学校停课关门，学生串联造反，老师遭受批斗，无人能在安静的课堂学习了。“文革”后期，复课闹革命，才有机会重新回到课堂，但多数人思想混乱，认为读书无用，已无心学习，我们这一代人确实被耽误了。好在父母知道文化的重要，一直鼓励我要坚持读书。一次去舅舅家，偶然在他的书柜里发现了一本平面几何书。在那个年代有这样的书，太不容易了。我如获至宝，尽管读起来有不少困难，但还是被奇妙的添作辅助线、严谨的逻辑推理深深吸引住了，这为我以后选择学习数学专业打下了基础。

“文化大革命”期间，中小学的学制是9年制。小学5年，初中2年，高中2年。由于当时的教育管理比较混乱，学校由传统的秋季招生改春季招生，我小学读了6年半。过了两年，学校又由春季招生改回秋季招生，我高中读了两年半，因此我的中小学一共读了11年，这也是南通教育历史上绝无仅有的，让我们这一代经历了。对我来说，倒是一件很好的事，多了两年的学习时间，有了更多的知识积淀。1977年恢复高考后，我被江苏师范学院数学系录取，成了“文化大革命”后的首届大学生。1982年1月大学毕业，被南通市教育局分配到如东教师进修学校工作，1984年7月调南通市二中任教，才真正从事高中数学教学工作。

过去的高中数学是分代数、几何两条线进行教学的，甚至有的学校还有专职的三角教师。其实数学本来就是数与形的有机结合与渗透，人为地将数学中的数与形割裂开来，是不科学的，不利于学生的数学思维发展。我在老教师的帮助下，提出了包班教学，得到了校长室、教导处领导的支持。1985年开始，高二年级的6个班，由南通市数学界知名教师孙正先生带领我和另一位年轻老师包班任教数学。尽管备课量翻倍，工作辛苦了，但是我们的工作热情很高，热情的源泉来自于两方面：一是学生的数学成绩提升快，二是自身的教学能力有了明显的提高。经过三年一轮的高中循环教学，我就基本胜任高中数学教学了，被推荐为南通市青年数学教师研讨班的召集人，1988年晋升为中学一级教师，1995年被评为中学高级教师，比同期毕业的同学提前两三年。这些成绩的取得，一方面得益于领导的信任支持，另一方面得益于老教师的无私提携，当然也需要自己吃苦耐劳的精神。

学生心目中的我

2014年底，学期即将结束。学生处组织了一次学生眼中的班主任演讲，由所在班级的学生讲述自己班主任的故事。全校各年级的班主任聚集在敬铭楼三楼的报告厅，静心听取学生对我们班务工作的评价。一位个儿不高、胖乎乎的男生用浑厚的男中音发言：

各位老师、各位同学：大家好！

相信每个人在进入高中之前，对于自己的新班主任总有着这样那样的设想：是戴着黑框宽边眼镜雷厉风行的madam？还是一位穿着娴雅温婉端庄的淑女姐姐？是机敏跳脱初出茅庐的教坛新秀？还是精瘦睿智语出幽默的大叔？抑或是背影写满故事的沧桑长者……

太多设想，只是因为班主任这个角色，于我们的高中三年，于我们的整个人生，都将产生巨大影响。

两年前的七月，期待已久的答案呈现在了我们的眼前，是一个让我们深感幸运的答案——"村长"。请允许我在此称他为村长。这个绰号从他的上一届学生那里流传至我们，而他们也只是延续着另一群人的说法。或许在座会有老师、同学觉得这是不尊重，但我不这么认为。某种意义上说，这是我们表达感激最隐晦也是最简单的方式。

他的脸上常常挂满微笑，眼镜低低地架在鼻梁上。若要用一个字来概括他的特点，那大概就是"慢"：语速慢，性子也不快，所以不会给我们压迫感，这也是深感幸运的原因之一。讲话的时候摸摸肚子，温和憨厚，从未让我们感觉距离疏远，因此，我们经常与他讨论问题，畅所欲言，总能有所收获。尽管他的数学课不像其他老师那样快速推进，话语腔调也不像其他老师那样掷地有声，但正是因为如此，我们得以在这高中三年慢慢品味，享受数学给我们带来的乐趣，而非紧张和畏惧感。

村长算是学校里最年长的班主任之一了，比我们父母辈的年龄更大一些，说与他成为朋友，那是不现实的。倒不如说，在一起走过的这两年多里，我们每个人都从他身上感受到了来自长辈般的温暖和关怀。他经常与同学谈心，没错，是谈心，不是谈话。他总会先问问同学最近的感受，身体状况如何、心理状态如何、与父母沟通如何，从未有过劈头盖脸的指责。有位老师多次毫不吝啬地赞扬他身为数学老师，却有着上佳的语文素养，懂得说话的艺术。的确，他的话语有着神奇的魔力，冥冥之中引导着你去自己发现自己的问题。在这之后，他会与你一起探求解决问题的方法，明确目标，激人奋进。他创造机会让同学之间互相了解人生规划和理想，简单的话语总会给你以挑战自我的信心和创造奇迹的勇气。

现如今，社会上有些人因为某些个案而对教师这个职业产生误解与偏见，认为教师也是被物质主义同化了的那个群体。我想，绝对不会是这样的。至少在村长身上体现出的是对同学的一视同仁。他对学生的关怀备至！绝不应遭受这样的误解。

村长用最好的方式了解我们，也用最好的方式完善自己。这是最让我们惊喜和感动的。他的教学注重细节，教授新课之时就反复强调易错点和规范性，复习课，更是如此。除此之外，他对自己的板书也有着高要求，从过程到格式甚至排版，会沿着给我们以更好的理解效果这个方向努力改变。他多次用匿名问卷调查的方式来收集同学对于班级管理和老师教学的建议。我们曾错误地认为这种调查只是形式，但让我们惊喜的是，在之后的教学和班级管理中，这些纸上谈兵的建议已然转变为鲜活的现实。执教三十余载，仍能用一颗年轻谦虚的心接受我们的建议，调整自己固有的教学方式来适应我们的学习状态，这种理解和平等让我们意外之余，更添几分惊喜与感动。

许多人认为，班主任的管理方法和各项决策的执行力度是班级管理成绩的决定性因素，但在我们班，他的“放权”使我们的自我管理能力达到更高的水准。这是他对我们的信任和锻炼。学校的大小活动，他经常让咱们自己商量自己决策，加以指导和提点，由我们自己品味成功的喜悦、失败的滋味。我们真正成为班级的主人，也成为最大的受益者。

村长是我们的精神领袖，在这关键的三年之中，他所给予我们的指导和历练，将助力我们在人生舞台上大放光彩。明年夏天我们将与他告别，走向更宽广的人生大道。再次踏入校园，相信他还会于三尺讲台前，用他特有的、抑扬顿挫的语调为新一届的学子指点人生的方向。这熟悉的画面伴随了我们三年，也将永远铭刻在我们心中。感谢村长为我们做的一切，也请期待未来通中能以我们为荣！到那时，或许他会站在帷幕之后，扶扶眼镜，摸摸肚子，露出欣慰的微笑吧。

他演讲结束了，我是近视眼，虽然看不见他清晰的面容，但从声音听出来了，应该是我们班的张灿阳同学。真想不到，我年近 60 了，在学生心目中还是蛮受欢迎的。

几件小事

2007 年，南通市二中 1992 届高中 2 班同学相聚，我是班主任，他们邀请我参加。席间，一位学生向我敬酒时说道：王老师，您的一次家访，改变了我的命运。她的话让我想起：一天晨读时发现一位刚从启秀中学转学来的学生没有到校，因当时通讯不发达，无法用电话与家长联系，就问她的同桌，她同桌也不知道原因。下课后，我有些不放心，就骑自行车去她家了解情况。一路都是新建二层楼农家小院，规划得非常漂亮，本来熟悉的道路，倒有些迷失方向了，几经打听，在她邻居的指引下，来到她的家。她的住房是四面土墙的三间茅屋，只有一扇门进出，南面开着是很小的方格形木窗，窗户上没有玻璃，用塑料薄膜覆盖着，与周围的新建楼房有些不协调。进屋后感觉光线非常昏暗，隐约能判断出东边一间是厨房，西边一间是房间，没有一件像样的家具，生活环境相当艰苦。她妈妈见到我，诉说了家里的近况：她有一双儿女，儿子在外地上大学，女儿读高中。孩子的爸爸原来也是教育工作者，两年前因病去世了。家庭的变故，她已无力支撑两个孩子读书了，女儿觉察到母亲的压力，想退学终止学业，外出打工挣钱，减轻家庭负担。了解到这些情况，我就安慰她：看得出来，你们家庭原来是有能力改建房屋、改善居住条件的，你们没有这样做，就是为了培养子女，这是有远见的。不要轻易改变初衷，家庭困难是暂时的，孩子的前途是长远的，我想孩子成才有出息，也是你丈夫的心愿。尽管眼前困难重重，我们学校、老师、家庭齐心努力，一定能渡过难关的，明天先让孩子到校上课，余下的问题我们共同解决。

回到学校后，我一方面立即向校领导汇报情况，得到校长、德育处领导的关心，决定减免她高中期间的所有学费，定期给予生活资助；另一方面与各科任课老师联系，全面介绍她的家庭情况，得到所有老师的支持，老师们对她的学习、生活格外关心，并在学习上给予悉心指导。她是一个非常懂事的孩子，在家里体贴妈妈，抽时间帮母亲做家务；在学校听老师话，各科成绩提升很快。高三毕业参加高考，取得了良好的成绩，被高校录取，圆了她们家庭的梦想，实现了她父亲的遗愿，也赢得到周围邻居的羡慕和敬重。穷人的孩子早当家，大学毕业后，她自主创业，开了一家化妆品公司，经营得不错，在城里也安了家。去年暑假，她打电话告诉我，她儿子学习成绩也很优秀，初中毕业已考取重点中学，听了真是为她高兴。作为老师，做了自己应该做的事，却可以为一个家庭的两代人改变命运，我觉得是功德无量的。

我是通中 2012 届高中 2 班的班主任，经过师生三年的共同努力，这届学生参加高考，取得了理想的成绩。5 人考取上海交通大学，另外有多人分别被浙江大学、中国人民大学、南京大学、武汉大学等重点高校录取……取得成绩是值得高兴的，但回想起三年的辛劳，觉得我已经“奔六”了，难以再承担班级管理工作的重任，决定以后不做班主任了。新学期开学前夕，姚天勇校长找我谈话，希望我支持学校工作，再坚持做一届班主任。老校长的要求，不好推辞，欣然答应。

开学没有几天，接到学生处的电话，要我去领人。原来是我班的 4 位学生，午间吃饭的时间去学校对面的茶座打牌，被巡视的老师发现，要我去配合处理。这是我这么多年做班主任第一次遇到的事，让我意识到要带好这班学生得费尽心思。与 4 位同学分别谈话后，了解到这批学生，中考前在家长的“高压诱导”及严加看管下，承受了巨大的压力，好不容易坚持下来，考取了通中，因此整个暑假一直处于放松状态。家长也认为孩子已进入通中了，阶段目标已达成，离高考升学还远着呢，开始放松对子女的要求。针对这一情况，我一方面及时与家长沟通，让家长了解高中学习的特点及自主学习的重要性；另一方面与全班同学再次学习《中学生守则》及通中学生一日常规，邀请已毕业的优秀学生介绍高中阶段如何规划、管理自己的学习。经过教育，4 位同学在班会课上面向全班同学进行深刻的反省，表示在高中阶段一定珍惜时间，努力学习。这一事件的处理也给其他同学起到一定的警示作用。

新一届学生来自全市各所初中，受到的常规教育不尽相同。有的学生父母离异，从小是由爷爷奶奶带大的，没能养成很好的生活自理能力和学习习惯。一次午间去教室巡视，我发现一个学生抱着枕头，拎着毛巾被，匆匆忙忙进教室了，我问他拿这些物品干吗，他告诉我：爷爷奶奶要他在教室找几张课桌拼起来睡午觉，带这些物品可以睡得舒服点。听到这里，真是让我心里犯难：爷爷奶奶心疼孙子，想的真周到，用心良苦，但教室毕竟是学习的地方。我立即与家长联系，提出建议：学校离家很近，还是让孩子回家午休比较妥当，经过悉心的沟通，家长、学生一致同意了我处理方法。

高一上学期快结束了，天气已经很冷，不少学生不愿到户外活动。一天下午有体育课，我不放心，就去教室查看，没有看到学生在教室里逗留，但发现教室后门地上有几张报纸，走近一看，一个学生在课桌下面的水泥地板上呼呼大睡。这么冷的天，我怕他冻病了，赶紧把他叫醒，了解情况。原来要期末考试了，他平时学习抓得不紧，最近开夜车，睡眠时间太少，非常疲劳，实在坚持不住了。我就跟他说：学习不是一朝一夕的事，想期末考试成绩好，说明你是有上进心的，但身体健康更重要。然后打电话给家长接他回家休息。第二天，我将此事在全班进行通报，同时也批评他，未履行请假手续，不上体育课，属于旷课，要在全班作自我批评。经过反省，他认识到高中学习不能靠打突击，应该持之以恒，细水长流，这样获得的知识才牢靠。通过这件事情的处理，既教育了这位同学，其他同学也从中受到教益。

经过一个学期的磨合，确实发现班级管理中存在不少问题，促使我静下心来思考：如何针对这班学生的特点，开展行之有效班级管理工作。我采取了以下措施：

1. 利用个别谈心与问卷调查相结合的方式，了解学生的思想动态和需求，征求同学对班级管理的建议和意见，制定班级管理公约。

2. 邀请已经毕业的优秀学生，介绍他们高中阶段的学习经验，让全班同学借鉴。聘请各学科的名师，针对学科特点做学法指导，减轻学生学习负担。

3. 要求每一位学生根据自己学习基础与学习现状，结合家庭的培养目标，制定切合实际、跳一跳能达到的个人高中阶段发展规划，明晰自己的奋斗目标，增加自己的学习信心和动力，并利用班会课时间，同学之间相互交流，相互亮剑，达到相互鼓励、相互促进的目的，使制定的目标落到实处。

4. 充分调动班级干部参与班级管理的积极性，发挥优秀学生引领示范作用，开展丰富多彩的班级活动。收集班级同学热切关注的问题，利用主题班会，由学生演讲、辩论，让大家明辨是非，使不正之风在班级没有市场，形成你追我赶的良好氛围。

经过一段时间的师生共同努力，班风学风有了明显的改进，班级管理工作逐步进入正轨。全班同学参加江苏省高中学业水平测试，4A 率、人均加分都位居年级理科第一，在高三开学的全市统考中，语文成绩年级第一，数学成绩名列前茅。

12 班学生的进步、成长是可持续的，有理由相信，在我们班级的全体学生和任课老师的共同努力下，有学校领导和家长做我们的坚强后盾，12 班学生的高考一定能创佳绩，我的教育人生也将添写新的篇章。

在通中工作的日子

杨志冲

杨志冲,1963年9月出生,江苏启东人,中共党员,中学高级教师,南通市学科带头人。1986年毕业于扬州师范学院历史系,并获学士学位。毕业后,在南通中学工作了二十七年,一直从事高三毕业年级历史教学工作,担任过十三年班主任、十年历史学科组长,之后又历任教科处副主任、教务处副主任。其间,2007年8月至2011年7月挂职任南通市第三中学副校长,2011年,通过竞聘,回校担任南通中学学生处主任。2013年8月调任南通市启秀中学校长。

1986年7月，我拿到毕业分配单，一看工作单位是江苏省南通中学，从那时起，我便与通中结缘。关于通中，我曾从高中的班主任口中了解到这个学校很有特点，学生活动比较多，下午放学比较早，其他不甚了了。南通城，对于我来说更是一座完全陌生的城市，尤其是南通话，只能是听其声不明其意。

8月23日，我骑自行车穿过狭长的寺街，在学校老图书馆的底楼向汪乾荣校长报到。那年，南通中学引进了三名大学毕业生，另外两人是体育老师任学明和地理老师马建华。我们在总务处领到一套住校老师的生活用具，印象最深的是洗澡用的大木盆，稀里糊涂的教师生涯从此开始了。

一、上一堂任性的历史课

通中人“牛”，无论是老师还是学生。

我送的第一届文科班，班级黑板报上出现过讽刺学校烂尾“绿荫亭”的杂文，题目是“通中的不冠亭”，讲教学楼前面的亭子盖了很长时间了，为了别出心裁，与众不同，干脆不盖顶了，所以范曾题的“绿荫亭”应该改名为“不冠亭”云云。文章引经据典，嬉笑怒骂，在教室后面的黑板报上存在了几十天，汪校长来听课，看了以后只是笑笑。文章的作者是学习委员赵丹青，现在是上海一家大型企业的老总，很有个性，敢在黑板报上署名。

牛老师就更多了，20世纪80年代后期南通中学的教师队伍以老教师为主，当时高三年级办公室的青年教师只有三个，闲暇时，打牌还要拉上一位老同志凑数。老同志在办公室里讨论学术问题经常是针尖对麦芒，就是校领导来了，也毫无顾忌，哪里凉快去哪里呆去。

也许是通中的文化就是这样任性，我到校工作了一年，周度主任就找上门来，“听说你上课不错，到文科班上历史课吧。就这么定了。”要知道送毕业班责任重大，为什么要一个年轻教师担此重任？这还得从历史学科青黄不接的窘态说起。20世纪80年代中期，学校历史师资队伍比较薄弱，文科班的历史教学基本上从南通一中、南通三中和启秀中学借老师顶岗。外校老师常常上完课就走了，好像没有什么作业，考试主要靠记忆。直到今天我还对当时文科班的学生佩服得五体投地，就这么学还能考上好大学。有一次校长进行质量分析，批评历史学科高考分数拖后腿，外校的历史老师不高兴了，他们不愿意到通中来上课，这样学校历史学科的老师就赶鸭子上架，没有条件创造条件也要上。

到了高二文科班进行历史教学工作，汪校长很开通，讲海安中学徐孝禄老师历史教学水平很高，你如果方便，自己去听课学习，费用学校报销。要知道当时学校是靠化缘维持经费开支的。有一次学校还将徐老从海安请到南通，在有斐饭店住了好几天。其间他开示范课，问我要讲哪一课，当时我毫不客气地挑了一节很难上的世界古代史的概念课。徐老深入浅出的分析，简约清晰的梳理，让我认识到历史课还是可以上得趣味无穷的。

通过不断的学习和钻研，我慢慢总结出文科班历史高效教学的三个步骤：第一步，制订科学合理的教学计划，新授课程在南通市第一次调研考试前完成，专题复习在第二次调研考试前完成，高考前进行冲刺训练和回归书本。第二步，形成复习课堂的常态模式，包括情景设置导入、体系建构梳理、难点简释突破、多边活动激活和自主归纳提升五个部分。通过实践积累，形成幽默高效的教学风格，受到同学们的认可和喜欢。第三步，进行高效的作业训练。针对学生训练质量低的情况，学习海门中学的先进经验，提出了“文科作业理科化”，进行每周小题训练和建模训练。这个方法后来被南通市大部分学校历史同行采纳。我执教的第一届文科班的历史高考就取得了好成绩，从此，南通中学文科班历史课不再聘用外校教师。二十多年来历史课本换了五六版，高考模式换了四五种，但是南通中学历史学科重体系建构、重知识联系、重理解记忆、重难点突破的特点没有改变，历史学科发展成南通市的重点学科。因为第一次送毕业班不仅没有被学生从讲台上赶下来，还得到了好评，自信心大大增强，上历史公开课也不怎么紧张了。一届一届文科班历史教学的磨炼，皮就越来越厚了，直到现在，都可以随时随地上一堂任性的历史课。

二、考了两个江苏省文科状元

在学校工作近三十年，在教学和管理的许多岗位上都尝试过，实事求是讲班主任工作是最难忘的。学生对于母校的记忆，首先从班主任开始。现在许许多多的老学生经常联系我，把我拉入他们的微信群，我还多次帮他们当证婚人，尽管有时候需要理一理他们到底是哪一届的。如果一个教师没有当过班主任，那么教师的职业是不是完整值得怀疑。在南通中学担任班主任的日子里，自己不小心培养了两个江苏省文科状元，1995 届俞萌同学和 1997 届陆熠欣同学，他们分别获当年省高考文科总分第一名。当年采访我的南通日报记者见面总提这事，自己也感觉比较荣光。

在南通中学，培养江苏省高考状元其实并不难。每个学校都有自己的特点，通中的教学传统是“扎扎实实教好第一遍”，学生基本功比较好，恢复高考以后，获得江苏省高考状元的概率比较高。记得工作的第二年，学校就出了一个江苏省高考理科状元，当时学校主干道两侧的黑板报宣传了好长一段时间。1989 年我接手高二(5)班的班主任工作。当时高二年级共六个班，文科班因为 1989 届考好了，选择的学生多了起来，学校就安排了两个文科班。另外一个班是年级组长担任班主任，他们班的吸引力比较大，我们班因为我这个班主任看起来不怎么靠谱，只有那些敢试水的同学进来了。对于他们的信任，我一直是非常的感激。学生考试凭真本事，教师教学靠真功夫。说实在的，送这一届时还缺乏班主任工作的经验，凭一腔热血，还是解决不了最后一公里的问题。当时班上有一个奇才，大名张延莉，初中在南通中学初中部上的，大名鼎鼎。江湖传说她有一次生病休息一个月，回来后参加考试，照常第一。1991 年参加高考，张延莉同学三分之差，获得当年文科全省第三名，被北京大学录取，现在是美国一所大学的大牌教授。一个江苏省文科第三名，让我看到考状元的希望，当然也知道再好的苗子，同样需要园丁的栽培。

1995 届俞萌的江苏省文科“状元”来得有些意外。这一届报文科的学生六十八个，分两个班太少，一个班没有这么大的教室，办公楼三楼最西头的房子比较大，就成为文科班的教室。当时历史办公室也在三楼，管理起来还是方便的，空了就去教室看看。俞萌的父母是上海知识青年，对子女的教育比较重视，希望小孩考上海的高校，进入上海工作。俞萌在班上长期担任班长，威信比较高，班上有十几个学生实力比较强，对于班长的位置，他们不感兴趣，但是对于成绩的排名，他们毫不客气，前三名经常变化。陆宇同学私下问我，竞争这么激烈，会不会影响以后的同学情感。班级学生确实比较牛，保送生计划前十五名都不要，当年班上考取北京大学的有三位，复旦大学考取了五人。俞萌有一个特点，问老师问题往往是半本书的内容，课本上写满看书留下的疑问。班级优秀生之间的竞争提高了各个人的学业水平，加上南通中学高水平教学环境，俞萌登上了金字塔的塔尖——江苏省文科状元，意料之外又在情理之中。

俞萌成为江苏省文科“状元”，我们没有多少思想准备，而1997届陆熠欣这个江苏省高考文科“状元”是学校有意识“复制”的。分班时陆熠欣选择的是理科，成绩是年级第三名。他自己有过考文科的想法。学校从校长开始做他的工作，动员他考文科。我在班上留了一个中间的座位，班上班长的位置一直虚位以待。半个月后陆熠欣就到了文科班。这一届文科班还只是一个班，人数达到72人。陆熠欣平时考试成绩比较稳定，一直是班级第一。他言语不多，人缘很好，许多成绩不太好的同学喜欢向他请教问题，几乎每天晚上放学时，教室后面就出现小陆老师辅导一帮学困生的风景线。高考几天风调雨顺，江苏省文科状元再一次花落通中。

三、被省教育考试院“关”了三次

2005年4月的一天，我在驾校学车，突然接到一个不显示号码的保密电话，当时电话广告还没有兴起，对于电话通知的信任度还是比较高的。里面传来浑厚的男低音，后来才知道此人是张晓涛副院长。张晓涛先是问了我姓名，工作单位，然后通知我去参加高考命题。关于保密，他强调说只能跟一把手领导和家里的“领导”两个人讲等等，并告诉一个手机号码，家里有什么事可以直接打这个电话，就能找到我。

高考命题，保密度很高。在南京禄口机场安全检查时，南京师范大学的一个老师手机没有交，当场中止命题工作回家，还通知所在单位处理。这带有神秘的、保密性特别强的工作，让人如履薄冰般胆战心惊。在高考试卷最后签字时，激动得手还有点抖。不过，参加高考命题是极好的学习机会，不仅认识这么多江苏省命题考试的专家，而且可以对教学内容的重点和难点以及命题处理的方式有深度了解，提高自己的业务能力。

大概是参加2005年高考命题时表现不错，2010年和2011年连续两年参加了江苏省学业水平测试(必修)的命题工作。这时候江苏省教育考试院命题基地禾木山庄已经启用,吃住条件大大改善。保密要求还是这样严格,但是我已经没有紧张感了。学业水平测试命题时间比较短,任务重,对于各个等级的要求比较严格,起早带晚地干活,只有晚上看看新闻联播。记得 2011 年日本发生大地震,电视上现场直播比较多,命题工作再忙碌也要多看看电视,当然我对受灾人民绝对表示同情。禾木山庄外面有一个养狗的基地,各种各样的品种,命 B 卷时会组织我们去参观,印象比较深。平时一日三餐以后各个学科命题组成员集体散步,禾木山庄每一条小路我们都去丈量过。在命题的日子,人家介绍我时,前面都加"省通中"三个字,感觉在南通中学工作,特有面子。

能够多次参加江苏省教育考试院的命题工作,主要是靠南通中学的平台。20 世纪 90 年代南通市教育局成立学科基地,我成为南通市历史学科基地首批专家组成员,历史考试命题成为教学研究的重点。常态化参加南通市高三历史模拟考试的命题工作和南通市高三历史教师的培训工作,为参加江苏省教育考试院的命题工作夯实了基础。在实践的基础上,我总结的从四个操作层面进行历史命题的做法,在省内历史教师培训会议上多次作专题讲解,被南通市教科研中心和江苏省中小学研究室网站的历史网页中常年挂展,得到省内同行的好评。

在通中的日子还有很多很多的故事,以前在通中的围城里,感觉的都是日复一日的平常事,如今,调离学校,站在通中的围墙外眺望,无限的留恋。每一个在南通中学工作过的同志都有这样的感觉:人虽走,心还在。

不辞长作老实人

葛勇兵

葛勇兵，中共党员，现代教育技术专业教育硕士，信息技术学科教师，高级程序员，中国数学奥林匹克一级教练员。1997 年大学毕业分配到南通中学工作，十八年来，踏实做事，真诚育人，曾获文明教工、优秀党员、“168 爱生行动”优秀教师、结对关爱西藏生先进个人等校内表彰，2009 年被评为南通市现代教育技术工作先进个人，2010 年被评为南通市文明教工，2012 年被评为学校第三批“难忘教师”。

在当今社会，或许老实人会被人嘲笑，甚至被人称做“傻瓜”，但我要说的是：“老实巴交”又何妨？不妨做个老实人，简单本分，诚恳待人，踏实做事，不过多计较，心平气和地快乐生活。

我的简单经历

1974 年 5 月，我出生于一个勤劳善良、朴实安分的农民家庭。在父母的耳濡目染下，我一直算是那种“忠厚老实、努力认真”的孩子。虽说天资不算聪颖，性格也偏内向，但凭老老实实、勤勤恳恳的努力得以从乡村初中考入南通县中（现通州市高级中学），落榜后自学一年，考入苏州大学并获当年通州市“朝阳奖学金”。在四年的大学时光里，那种老实做人的心态和行为方式逐渐定型。大三时，之前一向默默无闻的我被同学们推举为班团支书，而后能够有机会以“老实人”的方式团结全班同学、凝聚全班力量，将班级各项活动开展得有声有色。毕业前夕，班级被表彰为“省级先进班集体”，我也成为中共正式党员，并作为数学系优秀毕业生的代表在全校毕业典礼上接受了表彰。

1997 年 8 月，我毕业分配到了通中，至今我依然记得第一天报到时的兴奋，第一次见到“诚恒”校训时的感动。报到后，学校安排我承担两个高一班级的数学教学，在每天的“备课、听课、上课、辅导、改作业、做习题”中我开始编织起数学教学的梦想。在那段时间里，经常鼓舞我的是一个放置备课笔记及教材的夹包，那是苏大优秀毕业生的纪念包，我还特地在上面添加了“诚恒”字样，它时刻提醒我要刻苦钻研、努力工作。在高中数学教学的讲台上摸爬滚打了两年后，我迎来了终生难忘的一次校领导谈话——“这两年你工作很认真，也很努力，底子也不错，但我们高中数学教学的要求还是挺高的，继续安排你课的话，家长会有意见，学校也会面临一些压力，毕竟不能拿通中学生的前途给你做试验，所以要谅解学校不再排你的课。”听到这样的安排，我难免伤心，为自己两年内没能站稳通中讲台而脸红，为自己让学校蒙受压力而羞愧，因而也没有苦苦请求领导什么，毕竟我相信领导是出于公心的，要怪的还是自己不出色，自己终究要去面对和承受。

1999 年 9 月，我被安排到了电教学科，没有课务，主要负责科学楼四楼原教工机房和多媒体教室的使用登记、设备管理及卫生打扫。面对调岗的尴尬、亲人的叹息以及他人的议论，我以“自知之明、自强不息”自勉，迅速调整了心态，重新规划了目标。我庆幸自己在快乐高质地完成本职工作之余，有了大把的学习时间，特别是能有机会与梦寐以求却无力购置的计算机有了“亲密接触”。我开始如饥似渴地学习计算机技术，首先学计算机的日常维护、常用办公软件和多媒体课件制作工具的使用，这使我很快胜任了在电教学科的电教服务工作。此外，我还对照《国家计算机软件水平与资格考试大纲》的要求，对计算机技术进行了专业而系统的学习。功夫不负有心人，我于2000年上半年和下半年相继以高分通过了“程序员级别”和“高级程序员级别”的考核，获得计算机专业“软件工程师”的专业技术资格，为此，汪乾荣校长在那学期的结束大会上特地向全校做了通报和表扬。

2001年，我逐渐走出了“调岗”的阴影，不久也有了重上讲台讲授计算机课的机会，课余继续承担一些电教服务工作。十多年来，我一直在这个岗位上默默无闻、勤勤恳恳地工作着。通过主动学习，专业素养得到充实和提升，从而能够更好地胜任本职工作，并在2009年获得南师大现代教育技术专业教育硕士学位。通过真诚服务，自我价值得到体现和尊重，时间见证着一名通中党员教师对于“诚恒”、对于“全心全意为人民服务”的信奉和践行。

我的人生信条

信条一：简单做人，守住一份单纯

我向往简单的存在方式，崇尚真诚与宁静，摒弃虚伪与浮躁，依照自己的价值观为人处世，凭借自身的辛劳和毅力充实人生。从昔日的“农家娃”到今天的“通中人”，我的人生谈不上精彩，但我对生活一直充满热爱，一直拥有一个健康平和的心态。无论身处逆境还是顺境，我都积极地面对现实，认真地活在当下，真诚地善待他人、悦纳自己。在纷繁忙碌的生活中，我学不会藏个性、戴面具，也懒得筋疲力尽去琢磨，唯以本真简单的心坦然面对。

我以为，教师简单做人最起码的一条就是无条件地对学生好，责无旁贷地关心其全面和谐发展。因为选择了教书育人，就应该是选择了纯粹和高尚。

记得工作后的第一个暑假，我在通州老家得知班上有个男生因为厌学在家闹腾得很凶，家长听说孩子“服”我，费了很大周折联系上我。第二天，我冒着酷暑，骑两个小时的自行车到了他家。那位学生深受感动，听我几番疏导后下决心要定神搞学习。以后，我又四五次从老家赶到市区，把那位学生约到学校宿舍解答疑问，科目不仅涉及我教的数学，英语及理化生之类的问题我也顺便解决。后来家长跟我反映孩子进步很快，好几次要表示感谢，我都婉言谢绝了，甚至说了现在感觉有点“傻”的话——“先前没把孩子教好，感谢给了我机会弥补”。

在我这个“头脑简单”的人看来，把自己的学生教好、关心好是天经地义的事，有时候真不希望家长掺和进来把事情搞得不那么纯粹，所以对于家长的“谢意”，我通常能逃则逃，而不在乎别人是不是说我“不谙世事，故作清高”。我想，做老师的，最欣慰的莫过于自己的学生进步再进步。当收到多年前的学生从港大研究生毕业后赠送给我这个电脑老师“格物明德”的纪念徽章时，当看到不经意间关心过的他班学生在教师节那天放在我办公桌上的大西瓜时，我感动过，那是浓浓的、纯纯的师生情谊。

我觉得，教师简单做人最关键的一条就是尽可能地把课上好，心无旁骛地探究教与学的优化。作为一名曾经“下过课”的教师，我虽然不认为自己做得怎样，但我确实未曾懈怠，始终认为那是一个教师的立身之本，而且，教师上课也应该是有“信念”的，如果符合规律且行之有效的话，那就该坚持，反之则该摒弃。记得在一次会课活动的准备过程中，我在认真研究教材和学生的基础上，拿出了一个基于信息技术与数学课程整合的教学设计，有同事指出那样的设计过于“老实”，对学生的思维要求偏高，这在善于表演、长于制造热闹场面的其他选手面前是要吃亏的，而且可以断定，负责的教研员是不喜欢那种风格的。思考再三，我选择了坚持，最终的成绩是对不起“通中”招牌的二等奖，但透过课堂上学生们第一次在计算机上做“数学实验”时专注的眼神、会心的点头，我知道我没有辜负那群孩子 45 分钟的陪伴。

此外，我认为教师简单做人还应该体现在教学研究上。在学术空气有些浮躁的当下，若能规范地行进在学术研究的正道上，惬意地展开学术的表达与交流，那样的教师定然是幸福的、令人神往的。我在这方面是有教训的，相信以后会有所改观。

信条二：诚恳待人，捧出一颗爱心

作为一个平凡人，我太多次体验过求助的渴望、受助的感动以及被以诚相见的温暖，一个简单的念头早已在心中根深蒂固：我也要像礼遇我、无私助我的人那样诚恳待人！茫茫人海，每一个相遇都是缘分，如果能友善一点、助人一点，那又何乐而不为？这是我平常心与服务观的真情告白，大概也是我们电教学科的共识。

这十多年来，我们学科全体成员在完成教学任务的同时，都默默承担了大量电教任务，为学校教育现代化及教育信息化进程积极贡献着力量。工作在这样一个“诚恳待人、富有爱心”的团队，我乐在其中。我也感激那么多同事长期以来对我的信任，“有困难，找小葛”，让我在为大家做点事的过程中既得到了提高，也收获了快乐。或许能力还欠缺，但诚诚恳恳、全心全意为大家服务的态度不会出问题，能做到的绝不偷懒。

记得2011年4月的一个下午，我一个人在办公室，一位素不相识的白发老人走了进来，他指着角落里一台旧电脑打听道：“那电脑是我的，不知道有没有修好？”我当时并不知道那台电脑的情况，但出于对老同志的尊敬，也为了能让老人少跑一趟，我赶紧放下手中的活儿，着手检测那台电脑能否正常开机。当开机出现蓝屏时，老人很失望地感慨道：“老样子，可能太旧了，就不修了吧！”看着老人有些沮丧的样子，我忽然想：哪天要是我退休了，回校求助时会怎样？莫名的冲动驱使我向老人提议：“我先帮您重装一下系统，好不好？”老人见我肯主动帮忙，自然很开心，等到电脑被整得很好用时，他更是欣喜万分。后来，他发来致谢的电子邮件，我这才知道他是我校一位退休校医的爱人。我很欣慰，我的举手之劳能给两位老人送去通中的温暖。也正是这一次举手之劳，成就了我和一位八旬老人的忘年之交。他常常乘公交、上六楼，带着写满问题的纸条，甚至拎着电脑主机到我办公室来请教电脑问题，我回答时他总在纸上认真记录，那种认真和好学着实让我感动。不过，我也为他途中的安全隐隐担忧，以后我是该登门“搞家教”了。

下面要谈的事，我主要想宽慰一位曾经无私助我、未曾谋面的好人。记得曾去一位同事家维护电脑，回来时不小心将随身的U盘掉在了他家楼下，是他的邻居捡到后千方百计找到了我。前些天，我在所住小区内的路边也捡到一个U盘，当时我立刻想起自己当初丢失 U 盘后的焦急与失而复得的欣喜，有一种无形的力量让我一定要找到失主。通过查看 U 盘内容，我能知道失主的姓名，职业可能是某装潢公司的设计师。于是，我就利用这些线索到网上搜索，综合分析搜索结果后，我将有用信息锁定在几个手机号 QQ 号以及一张图片上。当通过那些号码都无法找到失主后，我只能将那张图片映在脑海，随时等待与失主的邂逅。说来也巧，我第二天早晨就在小区内发现了希望出现的面孔，对上姓名后我随即将 U 盘交给了失主，然后就匆匆赶我的路——我隐约听到感谢声，但我知道那感谢声应该给那位曾经捡我 U 盘的好心人。

信条三：踏实做事，倾注一腔热情

“八败命，还怕个拼命做”——这是我从小就听父母说过的话，意思是说，不论命运多艰苦，肯拼命做就还有希望。拼命做，就是要热情执著地踏实做事。我感谢父母给了我这支信念的拐杖。在追逐梦想的时候拄着它，我可以满怀热情，不断走向成熟；在遭遇挫折的时候拄着它，我可以保持乐观，逐渐摆脱困境。

我以为，踏实与热情对于教书育人是极其重要的。就我个人而言，虽说表面安静，但内心还是满怀热情的。就拿开学初的一场监考来说，我监考的恰巧是所任教的高一西藏班，就凭着想搞好这个班信息技术教学的热情，我利用这个机会把 45 个学生认了个遍，因为能记住学生的名字对于搞好教学有着微妙的功效；我还利用这个机会在他们教室捕捉有助于信息技术教学的新鲜素材，譬如，监考结束后，我拍下了他们讲台上的座位表，上课时可用来训练其文本编辑的技能，学生感兴趣，也能从这点小事上体会他们班主任老师的辛苦。

可以肯定，教师的热情是能感染学生的。我好几次遇到第一年执教的学生，他们都不约而同地提到我当年从学校骑自行车到东方红农场给他们上课的事。那时，他们在那里军训，我要去上文化课。由于通知环节的原因我没能搭上派去农场的校车，为了少给学校添麻烦，我就快乐地骑了近两个小时的单车。当我准时出现在军训基地的教室时，学生们的掌声与欢呼让我至今难忘。

还记得，初到电教学科时，又逢家庭出现危机，那时承受的压力着实不小，是对生活与前途的热情让我支撑了下来。有了它，办公室内通宵达旦的学习不觉累，宿舍里一天三顿的稀饭不觉苦。有了它，也才有勇气从容面对往后可能的锻炼或磨炼。

有人说，做教师不做班主任，将是教师生涯的遗憾。我庆幸争取到了担任西藏班生活班主任的机会。我想，领导主要看好的可能是我“就是想为这班孩子做点事”的热情。作为2010级西藏班生活班主任，我几乎放弃了所有的双休日与节假日休息，用自己的真诚与热情陪伴了这群藏族学子三年的成长——责无旁贷地服务他们，严慈相济地引导他们，经常带他们走进社区参加社会实践活动，坚持每周六晚为他们开放网络教室，引导他们健康上网、合理利用信息技术。为帮助他们学好功课，我转录英语磁带近40盒，并搭建了“通中西藏生学习资源网”，收录了近千段音视频资料供他们学习点播。学生嘎玛曲培在毕业离校当天给我的信中说：“现在凌晨十二点，但我没有一点睡意，我想着又想您与我的点点滴滴……感谢您默默的关心，您的魅力与众不同……忘不了您的微笑，您的真……因为有您，我懂得了很多人生道理；因为有您，我更成熟了。我羡慕您的人格，向往你的价值观，老师，我真的忘不了您！”我也忘不了那个离别的下午，41个孩子都是哭着离开的，我的脖子上挂着四五十条哈达……

常言说，人各有志。我坚信社会是欢迎、需要老实人的，越是复杂的环境，越是浮躁的社会，就越需要真善美的东西。如果我们能做到用真诚而善良的心来对待一切，时时检点自己的行为，做到严于律己、宽以待人，并且能真正去关心别人、爱护别人，那我们的心就能如明镜一样，不但可以享受平衡和悦的美妙，还能映照出这美丽的世界、美丽的生活——我，不辞长做老实人！

人在途中

范　建

范建，1953年4月出生，中共党员。1968年初中毕业即响应号召到如皋插队落户。1975年南通师范学校毕业，分配到郊区曙光小学任教，两年后调任节制闸小学领导组成员；1978年调入南通师范第二附属小学，先后任班主任、教导处副主任、副校长；1986年调入南通师范学校，执教中专班和大专班，并先后兼任首届大专班班主任和学校教科室副主任、南通市小教培训中心办公室副主任等职；1992年调入南通中学筹办中外合资企业，后一直任中方董事兼副总经理；2006年回到通中党政办负责校园网编辑等工作，其间获全国中小学网站先进工作者称号。

1972年是我人生的转折点。邓小平复出，出台了工农兵学员的政策，就是由群众推荐优秀青年去大中专院校读书。这对插队知青来说是改变命运的天赐良机。因我在队里干活儿一直很卖力，人缘也不错，加上兄弟俩插队在一起，队里存心照顾一个，第二年南通师范到各县招知青，老乡就推荐了我。经过一阵复习和简单考试，我被南通师范录取，两年后毕业分配到乡村小学，开始了我的教师生涯。

1978年，因父亲和奶奶的冤案获平反，我被调入南通市最好的小学通师二附工作。这是国家为补偿受冲击家庭的举措，让我品尝到拨乱反正的甜头。许多曾在师范与我一起读书的同学无法获得这种机会，仍留在乡村小学教书直到退休。相对于他们来说，我是幸运的。

我在通师二附任教8年，最难忘的是那年小学学制由五年改为六年。当时四年级十多个班统考，成绩好的一半继续五年制学业，次年即可毕业；成绩差的一半改为六年制，须再读两年才毕业。但成绩最差的几十个学生多为旧城东北水关桥棚户区的渔民子弟，因入学时间迟或留级次数多，这些孩子年龄都较大，最大的16岁。当时我任教务处副主任，校长找我商量把这些孩子单独分班留在五年制，让他们早点毕业，但难题是谁来教。我接受了这个班数学课的教学任务。

记得该班有个孩子个儿比我高。某日体育课他与同学发生纠纷，眼看要打起来。我上前劝止，但难以奏效。我说你若动手我也动手了，结果是他被我摔倒在地。事后校长严厉批评我的体罚行为，我以苏联教育家马卡连科《塔上旗》一书中善意体罚案例为自己辩护。这件事如何了结的我已没印象了，那个孩子叫什么名字我也忘了。几十年来我仍在反思，我为自己的体罚行为永远歉疚。

1984年，我担任通师二附副校长，1986年夏，加入党组织，秋天调入南通师范教科室。在南通师范，我执教大专班教育统计学和中专班教育学、教学法、教育科研等课程，担任过全国首届普师大专班班主任，参与了校刊编辑工作，后来还担任学校教科室副主任和南通市小教培训中心副主任，一度兼任学校工会委员。

其间，最令我高兴的事是我的文章获得全国中等师范学校青年教师论文评比一等奖。为提高教学水平，我深入探讨心理学和教育学理论，课后我去幼儿园主持一个教育科研项目，课题与儿童数概念的形成有关，涉及量感、数感、量的结构认知、数的表象建立、数与量关系的转化、概念判断与推理等认知过程。其成果论文《幼儿数概念教学研究》于1989年初获全国首届中等师范青年教师教育论文评比一等奖。

当时，我儿子就在我实施课题研究的幼儿班上学习，项目结束后我对发生在他身上的效果跟踪观察了12年。从小学开始我就有意识地不再干预他的数学学习过程，包括在家不辅导，也不让他上校外奥数班。高中毕业那年，他高考数学几获满分。当然，我最感激的是从小到大执教过我儿子的所有老师。在这里提到儿子的案例，丝毫不想以此卖弄家教，只想说明一个我始终坚持的教育理念：基本概念是思想方法的必要条件，将长期影响孩子的学习和成长，需要我们在教育教学过程中极端重视。

1992年邓小平南巡讲话后，我辞去南通师范教科室副主任职务，参与南通中学外商合资企业筹建工作。通师校长很伤感，送给我的一瓶西凤酒，我收藏了十多年才舍得喝掉。

在合资企业我一直担任中方董事和副总经理，直到2006年公司合同期满清算为止。这是一个数百万资本的中小型企业，产品是捷安特自行车上的重要零件，组装后销往日本，曾在日本同类产品市场占有半壁江山。为提高企业管理水平，我一边工作，一边进修，先后获得质量工程师、经济师和企业会计资质，还业余攻读完东南大学经济类研究生课程并结业，同时不断将所学知识和心得传授给职工。这些职工大多来自农村，我给他们讲得最多的是企业原理、制度、分工、权利、义务、合约和共同面对市场的态度。因公司属于机械制造类企业，为提高车间工人的操作技能，我组织他们进修高校机械专业课程，并与他们一起参加自学考试。公司合同期满终止后，许多工人重新应聘成为其他企业的技术骨干，有的还自己创办了企业。这些工人中很多人至今还与我保持联系。

公司里有个年轻的卡车驾驶员，一次交通事故撞伤了一位老人。治疗过程中这位老人悲观厌世，不幸轻生自绝而亡。家属从外地邀了许多亲友来我公司，要找这位驾驶员算账。我一边接待死者家属，一边安排驾驶员躲避。家属要求驾驶员第二天到指定地点谢罪。我召集职工大会讲清情况，提出依法办事的原则，同时带头向死者家属捐款并请求大家也伸出援助之手。第二天早晨，我孤身一人前往对方家属指定地点，将大家的捐款和名单交给对方，并耐心劝说对方依法办事。协商过程一度剑拔弩张，对方坚持要抬棺材去驾驶员家，我说你们若实在如此，那就只好先抬棺材从我身上过。对方问我与驾驶员什么关系，凭什么这么护着他。我说我是中方董事，全体职工都是我的兄弟，为他们排忧解难是我的责任。对方说要你的命也给？我说尽责是我的事，要我的命是你们的事。后来对方一位老人站出来打圆场说:“没见过你这样的经理! 冲着你讲的话,我们信了你,就依法办事。”此事最终妥善解决。

2006年年底,我回到通中党政办工作,负责校园网站新闻报道和其他一些事务。6年后我校网站获评全省普通高中校园网评比第一名,我本人也获得全国中小学网站先进工作者称号。说实话,如果在别的学校,我无论怎么努力也难获得这样的荣耀。通中网站最大的特点是持续、充分地展示全体师生热情奔放的精神面貌,而这种精神面貌不是我能凭空制造出来的,我所做的只是展示,其指导思想来自企业工作的资源整合经验。我的任务是将师生的校内外活动、学生的自主发展激情和网站的报道功能三种资源有效地整合起来。

在网站运作过程中,最令我愉快的事情莫过于跟学生记者团和摄影协会的合作。这是由校团委和学生处主管的两个学生社团,我兼任辅导员。我与社团之间的互动关系很简单:我通过社团供稿丰富网站报道,社团则通过网站报道展示自己的才华。QQ群是我与社团成员之间直接交流的主要平台。周末我们在这个平台上开网络会议,平时我们在上面个别交流。我们共同策划长期和短期的工作方案,研讨各项活动中具体采访的组织分工、事前准备、过程把握、应急预案、后续报道方式等所有的问题。孩子们有五花八门的奇想创意,只要不妨碍学校教学秩序,我都鼓励他们大胆尝试。

培养学生的自主自立能力是我校的核心教育理念,我辅导的两个社团对此深有体会。每当他们胸前挂着记者牌,手执相机和记录本深入到各种活动中采访时,总能得到活动指导老师的支持和帮助。在一些重要活动之前,小记者们甚至直接登门采访校长,了解学校组织活动的意图。当孩子们自由发挥的激情被充分调动起来时,其结果会大大超出我的预料。这方面最生动的案例是报道2009年通中百年校庆和2011年新生军训,校园网上多篇综合报道的文字和几十幅图片几乎都出自学生之手。在报道军训时,他们还成立了随军记者团,通过公共网站的微博平台即时发布小记者的现场报道,得到新生家长的热烈喝彩。令社团的孩子们格外自豪的是校园网上有他们自主管理的栏目,其中有全国普通中学唯一的由中学生管理的BBS论坛网站,所发布的报道和图片都清楚地标注着小作者的姓名。当毕业前或毕业后需要向高校提交自己的简历时,这些小作者只需复制粘贴相关报道的网址就轻松地证明了自己。下面的图是我在校运会现场接受通中电视台小记者采访的照片,作者是当时摄影协会高二年级分会的会长。

2013 年 7 月我退休了，随即启程独自骑行川藏线。下面是我在川藏线上拍摄的照片，曾参加南通市教工摄影比赛获一等奖，主题是“人在途中”。

我将上图主题作为本文的标题，是想概括地表达对人生的感悟：人是一个精神的存在，与环境的互动过程中不断成长，因而人始终在成长的途中。

我非常赞赏渐渐老去的我们这代人不愿靠子女养老而发出的“抱团取暖”的呼声。尽管中华民族是讲孝道的民族，但我们可以从一个新视角来解读与下一代之间的关系。“白发无情侵老境”，但仍鼓励儿女们志在远方，而我们就自己抱团解决问题。老来，我们依旧人在途中。

新的人生从这里开始

殷月萍

殷月萍，南通中学教务处副主任，中学高级教师，局直高中骨干教师，南通市教育学会外语专业委员会理事，江苏省教育学会会员，南通市中小学教师职称评审委员会成员。在教学一线工作36年，其间从事教学管理工作19年，先后被评为校、教育系统“优秀共产党员”“优秀党员示范岗标兵”，两次获得市级记功嘉奖。同时，立足岗位，帮助青年教师成长，获得过校“优秀指导教师奖”、南通市教育局和教育工会“青蓝工程优秀师徒奖”。2013年12月，荣获南通中学第四批“难忘教师”光荣称号。

1989年8月底，我以一位代课教师的身份走进了江苏省南通中学的校园，开始了我新的人生。

三尺讲台，无悔的选择

来南通中学之前，我在原来的学校送过两届高三毕业班，担任教务处副主任已四年多，可谓是个年轻的“女干部”。一九八九年新学期开学之际，通中一位新调进教师因回原工作单位办理调动手续，分配的两个班的教学任务一时无人承接。这可急坏了校长室。无奈之下，他们只好请求我所在的学校给予支持。对我来说，这是个可以将大部分精力重新转移到教学上的好机会。但家人顾虑重重：孩子未满周岁；两校生源差距太大；教学要求高；身份尴尬；万一不适应，影响个人声誉……斟酌再三，我毅然做出抉择：离开管理岗位，到通中去做个代课教师！

从来到通中的第一天起，为尽快适应新环境、新要求，我认真备课，刻苦学习，虚心请教；我严谨执教，教书育人，尽量多地走近学生，注意揣摩学生们的心理，了解他们的兴趣爱好，帮助他们消除学习中的顾虑，树立自信心，并经常放弃休息时间，耐心为学习困难的学生辅导、释疑。

我重视教学中的各个环节，坚持做到教学“六认真”，从不马虎、偷工减料，动脑筋、想办法，努力提高所教班级学生的学习兴趣和语用能力。多年来，逐步形成了自己的教学风格，教学信度高，可说是一位学生喜欢、家长放心、同行认可、学校信得过的教师。在通中二十六年多，很好地完成了八轮高一至高三循环教学任务，在历届高考中，所教班级的学生英语均分均名列年级前茅，我所教的学生多人、多次在各级英语竞赛中获奖。

20世纪90年代初，我受教育局教研室邀请，担任了南通市初一至初三《英语同步练习》中听力部分的录音工作，这项工作持续了近十年。我还不止一次参加了南通市中考英语命题工作，负责中考英语阅卷工作；多次参加了南通市中小学教师职称评审工作，担任教师资格考核评委。我在工作中锻炼成长，成为局直高中骨干教师、南通市教育学会外语专业委员会理事、江苏省教育学会会员、南通市中小学教师职称评审委员会成员。我两次获得市级记功嘉奖，还获得了教育系统、学校“优秀共产党员”、“优秀党员示范岗标兵”，校级“优秀指导教师奖”。

临急受命，续走管理之路

我至今仍清楚地记得，到通中代课刚一个月，学校领导分配我一个棘手的任务：因工作需要，我得改教另一个班并接任班主任。没有选择、没有余地，我服从！从这一天起，我承担起班级管理责任，续走教育教学管理之路。

就在我接受任务、压力倍增后没几天，生活中的不测接踵而至：刚满周岁的孩子，上吐下泻，五天未能进食，紧急住院治疗，家人因工作调动，住房上交，工资被停发，工作没了着落……我整个人几乎要崩溃，想着刚接的一班学生，想着自己承担的教学任务，我咬紧牙关，振作精神，努力做到工作、家庭两不误。一有可能，我就在孩子的病床旁边抓紧时间备课、改作业。孩子住院两个多月，我每天往返学校和医院多趟，没有请过一天假，所带班级秩序井然。

当时，班上有一批被称为“十大金刚”的聪明男孩，他们成绩好、能力强，但也有不省心的时候。有一次，其中一位同学听信别人的传言：邻班的一位体育运动员学生有点看不惯他，扬言要教训他。因担心吃亏，他决定先下手为强，找了个校外的朋友揍了那位同学。对方也不甘示弱，纠结了一帮朋友，决定“以牙还牙”，比试一番。得知消息，我连夜家访。刚开始时，这位学生觉得自己理由充分，属于正当防卫。经过长时间的交流，他最终认识到自己的错误。午夜时分，当我拖着疲惫的身躯回到家时，才知道家人因不放心，已在外寻找我多时。第二天，那位同学妥善地解决了问题。

在通中，我担任班主任十五年，曾连续九年被评为校“优秀班主任”。2004 年，被评为校“特级班主任”。所带班级班风正、学风浓，无论是常规管理评比，还是各科成绩的量化；无论是校运会比赛，还是艺术节活动中的展示，我班的学生们均有出色的表现。我所带的班级连续七次被评为校“文明班级”，多次被评为校、市“先进团支部”，并获得“江苏省先进集体”。在班级管理中，我从各方面关心学生的成长。寄宿生同学身体不适，我会到寝室嘘长问短，端茶送饭；单亲家庭的学生情绪波动，我会尽可能多地给予关爱；我还利用休息时间进行家访，走进学生家庭；高考来临之际，我会为远离父母的学生送上新鲜水果和食品，为他们保驾护航。

即便后来不再担任班主任了，我仍注意和学生进行心与心的沟通和交流，总是坚持寻找生活中的德育源泉，让学生感受到生活中的温暖，传递正能量。我曾在细雨朦胧的夜晚和遇有困惑的学生交心长谈，就连脾气古怪、甚至心理有些异常、人见人怕的学生有事都愿向我吐露心声;我还利用休息时间,关心结对西藏生,送去家乡特产。记得一个寒风刺骨的夜晚,我接到一位家长的求助电话:倔强的孩子和爸爸杠上了,不可开交。我二话没说,立即骑上自行车,前往他们家中。夜幕下,我和这位学生长谈,动之以情、晓之以理,待其情绪稳定以后又陪其回家,并一针见血地指出家长所存在的不足,使得家庭矛盾及时得到妥善地解决。

2001年,我在担任了六年年级主任后,继而担任教务处副主任。我善于倾听,善于动脑筋、想办法,工作有计划、有落实、有检查,一步一个脚印。曾经率先尝试的一些管理手段现已成为学校常规举措的一部分:阶段考试的安排、学生考场的混合编排、英语听力部分的训练和安排、考试的广播用语、教学会议的签到簿、教学资料的收集和保存……

我所分管的年级教师齐心合力、团结协作、富有战斗力,针对每一个学生的特点,既有整体性指导,又有个性化辅导,曾荣获南通市"优秀教师群体"光荣称号;我所分管的年级一向秩序井然,在各项活动中,同学们均有出色的表现,各类竞赛中获奖人数多、档次高,为学校增光添彩,受到高度肯定。

在教学管理岗位上的十多年中,我所分管的年级在高考中均取得优异成绩,出过2个省状元、1个上海市理科状元、多个南通大市状元等一大批素质高、综合能力强、成绩好的学生,本一、本二上线人数多,比例高,高分段学生数引人注目,社会影响大,学科均分在大市的位次稳中有升。

2013届学生参加学业水平测试,获得4A的人数多,人均加分高。参加高校自主招生选拔考试,成绩喜人,在相关的全省量化中,我校荣获全国C7高校江苏省第2名,取得历史最好成绩。高考中也取得了大面积丰收,全省前10名1人,全省前60名6人,录取大学的人数之多、层次之高均实现了新的突破。凭借严谨的治学态度、踏实的工作作风、将工作做到精细的质量追求,我所做的工作得到师生的一致好评。

我关心分管学科的工作,与所在学科的同仁精诚合作、团结齐心,苦干加巧干,注重教学研讨。在历年高考中,英语学科平均成绩一直位居南通大市前茅,并获得诸多荣誉:"江苏省中小学外语教学研究基地"、"南通市巾帼标兵集体"、南通市英语学科基地、校"学科风采展示"评比一等奖、校"教学研讨活动"评比一等奖。学科先后承担国家课题一项,省级外语教学类课题4项,跨学科省级课题1项,承担学校国家级课题"难忘教育"子课题5项。在已经结题的四项省级课题中,三项课题荣获研究成果一等奖。

我关心青年教师的成长。每当他们有教学展示或比赛时，从备课、试讲到比赛、评课等，我都会全程参与、悉心过问，为他们的成长和成才积极地出谋划策。我经常深入课堂，每年听课几十节。2013 年 12 月，荣获江苏省南通中学第四届“难忘教师”光荣称号。

为了他人的发展，我甘当一片绿叶；为了学生的成长，我甘当一名“教书匠”。“诚实做人，踏实做事”是我多年的人生信条。我会一如既往，尽心尽力，在眷恋的南通中学续写我的人生！

乒乓球伴随我一生

王年冲

王年冲，大专学历，中学高级教师，南通市局直骨干教师。1972年至1978年在南通市第二中学任教，1978年调入南通中学工作，从事中学体育教育四十余年，忠诚党的教育事业，教书育人，爱岗敬业，乐于奉献，为人师表。在体育教学和训练中，刻苦钻研，严谨执教，勤于思考，运用教育理念指导教学实践，在全国、省、市报刊、杂志上发表教学论文十余篇。曾被评为校先进工作者、南通市群众体育先进工作者、江苏省"发展乒乓球运动"先进个人，并记三等功一次。

一个爱好变成兴趣特长

我的童年时代正值三年自然灾害，后来又经历了“文革”。那是贫困的岁月，生活单调，小朋友们三五个人在一起，不是抛铁环，就是玩弹珠，我还有个爱好——喜欢打乒乓球。一副好的球拍要几块钱，相当于一学期的学费或一个月的生活费，那时候家庭条件非常差，买不起，当时谁要有个带胶粒的拍子，其他人都非常羡慕。我只有想方法用一块木板请大人们锯成球板形状，用砂皮打磨一下，那就是乒乓球拍子了。球是几分钱一个的大象牌，如果踩瘪了也不舍得扔，用开水烫一下继续用，不圆了，但还是那么打。没有正儿八经的乒乓球台，用两块木板一拼或一扇大门，上面放两块砖头横一根竹子那就是球网了。虽然球台不标准，弹性不好，但我们玩得很开心，一打就是整半天。

我的小学是在通师二附度过的，学校条件稍好，操场边上有几张水泥乒乓球台，一下课，我们就争先恐后地抢桌子打球，三五个球轮流打，谁输了就下台，谁胜了就是“皇帝”，一直打下去。记得到了三年级的时候，高年级的同学已经不是我的对手了，我可以在球台上称王称霸了。

教我们体育课的是黄银土老师，也喜欢打乒乓球，他是学校教工代表队的高手。他看到我喜欢打乒乓球，也打得比较好，就叫我参加校乒乓球队，每周训练2～3次，我非常开心和自豪，因为我是校乒乓球队中的一员，能接受老师的指导和训练，而且能在教室里正规的木制乒乓球台上打球，有红双喜海绵胶皮的好球拍，这是我最想得到的满足和享受。后来，上初中、高中和师范学校，我一直是校乒乓球队的队员，一直坚持训练。通过打乒乓球我认识到：乒乓球既是锻炼身体的运动，还是一种智力运动。因为打乒乓球既要能攻又要能守，运动员既要有勇又要有谋。这项运动讲究手法和步法，反应又要快，击球过程中更要注意落点、旋转变化，多年来通过训练和摸索，我掌握了较好的球艺，形成自己的近台快攻的独特打法，并经常参加校际的比赛和师生友谊赛。通过比赛，技战术和实战能力有了很大提高和进步。曾多次参加教育系统组织的教工乒乓球比赛，二次荣获乒乓球男子单打冠军，并代表教育系统参加南通市职工乒乓球比赛获得团体冠军。

业余时间奉献给了乒乓球

1972年底，我被分配到南通市第二中学任教，二中是一所有优秀体育传统的学校，足球尤为出色。学校领导非常重视体育工作，有实干的体育团队和德高望重的教师。学校有一座简易的大礼堂，可以集会和开展室内体育教学，虽然地面是红砖铺成的，不太平整，但是比较大，可以放几张乒乓球台，我想这里正是乒乓球训练的好地方，搞乒乓球训练的想法由此产生。正巧，1975年，南通人张炳泉同志从省队回到南通市业余体校当教练，他的家正住在市二中附近，市体校决定在二中办业余体校乒乓球试点训练队。这样我就和张炳泉教练一起在唐闸、天生港招了十几名幼儿园小朋友开始了业余训练。

那时候，我年轻力壮，干劲十足，每周要上14～16节体育课，课余时间和星期天、节假日全身心投入到乒乓球训练中去了。

经过一段时间的启蒙和基础训练，小运动员们动作基本成形，技术有了一定的提高，试点校的训练取得成功。为了扩大规模和选材面，使更多的学生能参与乒乓球的训练，市体校要在全市范围招生，把乒乓球训练安排在通中。这样，1978年10月，我又从二中调入通中，二中的小运动员也一起并入通中训练。来到通中以后，小运动员全部实行“三集中”：集中学习（安排在实小）、集中食宿（在学校操场北边宿舍）、集中训练（通中大礼堂）。早上六点钟出操，主要是跑步及身体练习，如手法、步法等，下午第二节课后技术训练，晚上做作业。我的食宿和运动员一起，那段时光，我把业余时间全部奉献给乒乓球，投入到乒乓球训练中去了。

一个人要想干成一番事业，仅靠八小时以内的工作时间那是不行的，培养运动员，也出不了成绩和人才。运动员在比赛场上，都是“真刀实枪”的较量，全凭真本事。好成绩、高水平，必须来自日积月累的苦练，只有付出超人的代价时间，才能取得超人的成绩。当你为了实现一个具体的目标时，必须不惜一切，全力投入。否则，就无法超人，就不可能取得理想的成绩。每一个优秀人才的输送，每一块金牌的获得，无一例外地伴随着汗水和牺牲。是的，创造理想的事业，对我而言需要牺牲。

经过一段时期的训练和努力，学校向江苏省乒乓球队输送了郑小燕、汤敬东等一批优秀苗子。1990年，我校建行了省内中学一流的体育馆，训练条件大为改善，可以摆放二十几张球台。李菊、陈玘等一大批小运动员相继在这里训练，然后被江苏省少年体校看中，又一步步进入省队、国家队，最后成为奥运冠军。同时，我校乒乓球运动员也在各类比赛中取得优异成绩：

部分获奖成绩
南通市直中学生乒乓球初中组女子团体冠军
南通市直中学生乒乓球高中组女子团体冠军
南通市中学生乒乓球高中组男子团体冠军
南通市中学生乒乓球高中组女子团体冠军
南通市"乒协杯"乒乓球团体冠军
南通市中学生乒乓球男子单打团体冠、亚军
江苏省中学生乒乓球比赛团体第三名
江苏省中学生乒乓球男子单打第四名
江苏省中学生乒乓球男子单打第二名

那些年，在事业追求中，在乒乓球训练中，确实取得了一些成绩，但是也失去了一些东西，对小家庭几乎没有尽什么义务，孩子病了，没有多少时间去照料他，孩子学习上也没有功夫去辅导他，更没有时间去做家务活。这么做，似乎有些不近人情，可是为了培养人才，搞好训练，取得优异成绩，这一切我都认了，觉得值得，一辈子也不后悔。

搞好选修教学，输送乒乓人才

从 1996 年秋季开始，我校打破传统的教学模式，实施高中体育教学改革，开设体育选修课，在高二、高三两个年级开设篮球、乒乓球、足球、排球、健美操五个项目。学生根据自己的爱好、兴趣、特长进行选择，这样的教学内容和教学形式受到学生的欢迎。乒乓球是我国的国球，学生非常喜爱，是选修人数最多的项目。由于我在这方面有专长，自然地担任了乒乓球选修班的教学工作，虽然自己有多年的少体校训练经验和较扎实的乒乓球基本功，技术动作也比较规范，但我还是认真制订教学计划，备好课，每一节课都精心准备。学生对乒乓球选修课非常感兴趣，大大增强了学生学习乒乓球技术的信心，形成了他们对乒乓球运动的爱好，为终身体育锻炼奠定了基础。

在选修教学过程中，针对学生之间乒乓球基础差异大的情况，我根据各类学生的实际水平进行分层教学，一般分为三层，分别是高水平组（有一定基础，经过训练的）、中等水平组（有的会打，不规范）、低水平组（有兴趣，初学者）。中等水平组学生最多，约占总数的 60% 左右，高水平组、低水平组各占 20% 。在教学过程中，各层之间并非不相往来，而是有意安排各个层次的学生定期进行观摩学习和交流，定期安排技术好的同学帮助基础较差的同学，以“点”带“面”合作学习，增强基础较差同学的打球信心，同时促进基础好的同学提高技术能力，进而以好带差，团结互助，结对帮扶。对结对双方取得明显进步的同学，采取公开表扬、酌情加分等方法给予奖励，使他们觉得帮助别人是非常快乐和自豪的。

在学练过程中，我对基础较差的同学特别的关注，手把手地教，讲解耐心细致，一遍、二遍、十遍，甚至百遍。同时利用鼓励、表扬的方法，充分调动他们学练乒乓球的兴趣，使他们能够把所学的技术运用到乒乓球运动中去，在练习和比赛中提高自己的技能水平。

在组织教学上，在准备部分中，我一般以熟悉球性、趣味性以及手法、步法训练作为引导学生进入基本部分学习的手段，而且每节课引导的形式尽可能不同，给学生以新鲜感，让学生产生好奇心，为主要内容的学习抛砖引玉。基本部分学习除了常规的组织教学外，根据学生的学习进展情况适时安排集体性的竞赛活动，保证课堂气氛的活跃，把学生的练习积极性维持在一个较高的水平。学生对教学内容及方法产生了浓厚兴趣，总是和欢喜、满意的情感相伴随着，就容易提高教学质量，达到事半功倍的效果。

多年来，在乒乓球选修教学工作以外，我负责高三学生乒乓球特长生的高考辅导的帮助学生通过高水平运动员测试。学生体育特长达到国家二级运动员以上，通过大学专项测试，高考录取的，文化成绩可适当降低，这条路可以帮助运动员能考上重点大学或理想的学校。

每年，我校招生都要录取部分运动员。进入高中后，我总是要求他们在把更多的时间用在学习上，打好文化基础外，同时做好家长的思想工作，乒乓球的训练不能放松，特长不能放弃，高三最后一年要早作准备、全力以赴走下去。

通过多年的努力，我带领的高水平运动员分别在南京、苏州、扬州、镇江等大学顺利通过专项测试，文化成绩也都以高分通过，被高等院校录取：

姓　名	录取院校
施　俊	东南大学
丁　庆	华东船舶学院
魏晓卓	华东船舶学院
盛　捷	华东船舶学院
张　毅	苏州大学
张欣悦	南京大学
张　俊	东南大学
戴苏川	东南大学
顾　楠	上海体院
耿晓明	华东船舶学院
黄晓燕	南京师范大学
徐媛媛	广东中山大学
赵文亮	南京信息工程大学
顾　欣	上海同济大学
楼津妤	苏州科技学院

“乒乓”使我难忘，我也难忘“乒乓”，海浪有起有落，有高有低，大海依旧是大海。岁月可以流逝，我心依旧是我心，“乒乓”依旧伴随着我。

追寻规律与艺术并重的教育境界

汤飞星

汤飞星,中学高级教师,中国数学会会员,数学奥林匹克优秀教练员。高中毕业,到农村插队落户两年;恢复高考,考入南京师范大学数学系学习,1982 年毕业走上教师岗位,三十多年,大多数时间担任毕业班教学工作。早期的教学主要受凯洛夫教育思想的影响,后期主要以皮亚杰“发生认识论”为基础的建构主义教育思想为引导,形成自己的数学教学理念——复杂问题简单化,简单问题概念化。注重理论与实践相结合,关注学生智能的开发和思维的培养,获得学生的好评。

作为一名从教三十余年的教师，若要我谈谈对工作的想法，我会说：教育是有规律的，是一门科学；但教育的结果往往是不确定的，所以又是一门艺术，带有创造性。把遵循科学规律与讲究育人艺术相结合，这就是我的教育梦。

三十多年来，我长期担任班主任工作，这一有利条件帮助我把教书与育人有机结合，深入思考探索，以期形成我的教育认识。我们学校的文化传统是以人为本，如何践行这一思想？为排除教育的功利化影响，我注意正本清源，一方面以学生的身体健康发育成长为本，另一方面以学生的心理健康发展为本，并使两者相互依存，不可或缺。所以，在教育过程中，我首重全面了解学生——了解学生的身体状况、家庭情况、知识基础、学习成绩、兴趣爱好、性格气质、思维方式及品质，了解学生的智力发展、智能储备情况，了解学生的心理状态，进而在学生的成长过程中给予科学指导。

如何通过我的教育之手促成学生不断地自我完善，健康成长？把这个问题想透了，做好班级管理工作、避免教育盲点、因材施教、提高教育教学质量等就有思路和着落点。所以，从接到新班起，我便从对教育个体的观察和交流作为起点，根据每一位个体的身心发展现状，以参与合作的方式，引导每一位个体制订三年的自我发展计划，并将计划告知家长、同学，以求得到他们的帮助和监督。更着重的是，在实施过程中根据个体在发展过程中所发生的偏差，及时与个体共同检查、分析、修正目标以求目标发展最优化。

让我以担任2013届高三(8)班班主任为例。高一文、理分科之后，本班为理化组合，这是我从教以来第一次担任这一组合的班主任，针对这一组合学生在理科科目的学习中已经有了一定的天分和能力，我对他们提出：应多多地了解、接受古代历史文明的熏陶，努力涵养人文气质，以此丰富自我的精神世界，加强文化修养，使他们的言谈举止优雅，而且具有浓厚的文化底蕴。为此，我为一部分学生选择了“缺陷管理”的方法。所谓“缺陷管理”，即让学生明确自己的缺陷所在，并且在自我成长过程中进行有效管控，进而为自己能成长为精英人才积聚内涵。这一目标有着浓厚的理想色彩，因为人要认清自我并明确自我的缺陷所在是十分困难的，何况是正处于意气风发阶段的青少年，所以，我在对个体充分了解的基础上，给予科学的指导，从而达成共识，并能针对缺陷形成的根源，选择切实可行，行之有效的管控方案。全班百分之八十的学生进入这一管控程序；另一部分学生则充分发挥他们自身优势，扬长避短，合理组织团队与自我的学习过程。其中例如：杨雨浓同学具有很好的思辨性，思维深刻，但在思维的灵活性方面有待提升，如何利用优势管控不足，进而提升思维效率就成为我经常关注的问题。冯一晗同学有优良的逻辑思维能力，但她的形象思维明显不够活跃，所以，如何训练她的形象思维促使其思维品质更为优化，就成为我的关注点。作为她俩的数学教师，首先，在数学学习过程中进行有效的针对性的思维“管控”训练，在高三数学综合阶段，在对综合训练进行评判之后，针对一份或二份综合试卷上同类异构的问题，分别将其组建成专题，先让她俩进行总结，然后说课（说给我听）。我再提出问题，她俩再进行总结，然后再说课（说给我听）……经过多次这样的反复，针对她俩所存在的“缺陷”，不断地进行有目的、有计划、有系统的思维品质的检测和思维方式的训练，当她俩的思维达到一定程度，让她俩走上讲台，面对全班同学进行数学专题讲解，并且让全班同学当场提问，相互讨论，相互评判，最终形成共同性的判断，从而使高三复习课堂气氛非常热烈，教学效果良好。到现在，同学聚会时说起此事还记忆犹新。所以，人的天性对思维能力具有影响力，但后天的教育与训练对思维能力的影响更大、更深。研究表明：后天环境能在很大程度上造就一个新人。思维能力的训练主要目的是改善思维品质，提高学生的思维能力，只要能在实际训练中把握住思维品质，进行有的放矢的努力，就能顺利地、卓有成效地坚持下去。思维并非神秘之物，尽管它看不见、摸不着，来无影、去无踪，但它却是实实在在，有特点、有品质的普遍心理现象。同时，经过与本班任课老师多次“诊断”，从各自学科向她俩提出合理的方案并指导其付诸实践。经历不断的同化与适应，她俩在 2013 年全国高考中，成绩都名列全省前 60 名，分别录取清华大学土木工程、北京大学数学系。

周羽欣同学又是另一类对象。针对她学习上所存在的问题，我会同其家长，了解从小学到初中高中在学习的各自阶段所呈现的个性特点、智能储备，共同分析当前存在问题的原因，发现在她的智力组成中记忆力较为突出，于是，有针对性地指导她以记忆力为核心重组自己的学习过程，改善自我的智能储备，调整好自我的学习心理状态；指导她把所有对数学学习过程中感知到的对象依据一定的标准“聚合”起来，显示出它们的共性和本质——概念和基本方法。这就要对感知材料形成总体轮廓认识，从感觉上发现十分突出的特点；其次要从感觉到共性问题中肢解分析，形成若干分析群，进而抽象出本质特征；再次，要对抽象出来的事物本质进行概括性描述，最后形成具有指导意义的理性成果。同时，将这一类个体组织起一个团队，借助思维大家彼此交流，集中众多人的集体智慧，广泛吸收有益意见，从而达到思维能力的提高。运用此法有利于学习成果的形成，还具有潜在的培养学生的研究能力的作用。因为，当一些富有个性的学生聚集在一起，由于各人的起点、观察问题角度不同，研究方式、分析问题的水平的不同，产生种种不同观点和解决问题的办法。通过比较、对照、切磋，这之间就会有意无意地学习到对方思考问题的方法，从而使自己的思维能力得到潜移默化的改进。从而找到适合自我的学习方式，提高其高三各科的复习效率，使学习进入一个良性循环。2013 年高考，周羽欣同学取得理想的成绩，并被东华大学录取，2014 年 9 月又通过学校的笔试、面试，成功转入该校专业排名全国第一的服装工程专业，实现了兴趣与专业相结合。

爱是教育不可或缺的核心要素，因为有了关怀，教师才能赢得学生的信赖，学生才乐于接受教育，教育才能收到良好的效果。2009 年高三有一位学生经专家鉴定患有数学强迫症。当年，我担任高二年级教学，当家长拿着孩子的病历和医嘱找到我时，我毫不犹豫地承担了这位学生的数学学习心理疏导工作，通过与这位学生所在班的班主任和孩子主治医生的沟通、交流，查阅了有关这一病症的大量资料，拜访了这方面的名师和名医，认真制订了相关的疏导计划，并对他的生活、学习关怀备至，逐步使症状得以减轻，最终通过 2009 年江苏省高考，考上自己理想的一类重点院校，使一个处于绝望的家庭看到了希望。通过这一过程，我深刻感受到父母、班主任、医生对孩子、学生、病人的无私的爱和真切的关怀，同时，我也深深感谢他们对我的信任，使我有机会更加深切地理解、领悟什么是教育爱的艺术和爱的力量。

接下来再谈谈教学的事。三十多年来，在数学教学中，我遵循教育规律，讲究教学艺术，坚持“复杂问题简单化，简单问题概念化”的教学理念。在数学新授课中，一般是以某个数学概念为主，而数学概念是反映一类对象数与形本质属性的思维形式，是由原始概念和基本概念组成，是数学知识的最基本形式。所以，我在数学概念教学中注重通过具体例子，深入浅出说明概念的内涵，认识概念的“原型”，引导学生利用概念解决简单数学问题和发现概念在解决简单数学问题中的作用，进而促使学生形成初步的数学地解决问题的能力。秉承这样的理念，2003 年，指导黄兴丰老师进行“数列”新授课的教学，使他获得了全国青年教师比武大赛一等奖第一名。

在数学习题课和复习课中，同样，我注重引导学生如何将复杂的数学问题等效地转化为简单的数学问题。这里说的“等效地转化”指的是培养学生数学思维能力和数学思维品质，也可以理解为概念在思维水平上的运用。

复杂问题与简单问题是学生认知过程的两个方面，是可以交替转化、互为因果的关系。数学知识可能在将来会被遗忘，但分析和解决问题的能力及思维品质的培养会影响学生的一生，是数学教育的价值得以真正实现的理想途径。秉承这一理念，我指导学生参加全国中学生数学竞赛屡屡获奖，例如辅导学生参加 1999 年在北京大学举办的全国中学生数学奥林匹克冬令营获铜牌，本人获数学奥林匹克优秀教练员称号。同时，指导学生参加 2013 全国 C7 高校举行的自主招生考试获江苏省团体第二名。

在 2015 年的新年钟声即将来临之际，我收到了学生处给各班班主任的一份新年礼物：一封本班学生的来信。

老师们、同学们：

大家好，我是高二(3)班毛心齐，今天我演讲的题目是《向飞星哥致敬》。

上课铃还未打响，一个熟悉的身影悄然出现在门口，伴随着教室喧嚣的戛然而止，那久违的红色备课笔记已安然放置桌上，只见他利落地拾起一根粉笔,轻舒手臂顺势一转,便在同学们的惊叹声中画下一个完美的圆。而这令人为之望尘莫及的“徒手画圆”本领,也只是我们飞星哥“教学功力”的冰山一角。

飞星哥,是我们(3)班同学私下里对班主任汤飞星老师的昵称。今天,我就要为大家讲述飞星哥——汤老师的故事。

“概念帝”,是课堂上同学们对飞星哥的又一尊称。看,“高斯函数”“柯西不等式”“阿波罗尼斯圆”“卡西尼卵形线”“笛卡儿思维四法则”“伽利略科学方法论”,黑板上跳跃着一个个高端的数学概念;听,“复杂问题简单化,简单问题概念化”的“汤老师名言”,无数次在我们耳畔回响。我们这位博学多才的“飞星哥”,时而从一部小说的塑造过程提示我们解答一道题的规范步骤,时而又以“马列主义”的哲学原理向我们娓娓道来数学的至高境界,让我们在各门学科的交融中,开拓思路,增强体验,领悟到数学学习的多元化与趣味性。

现在让我们再走近一点这位博学的“概念帝”,你定会为其教学的智慧所折服。

开学初,汤老师为我们班设立的班风只有八个字:“团结、紧张、严肃、活泼”,而这看似简单的八个字,蕴含了“成才先成人”的道理,蕴含着其“精英教育”的治班理念。没有全天制严防死守的“军事化管理”、没有令人闻风丧胆的“惩处错失”,在自主而不放任的前提下,鼓励同学们自主活动、自主分析、合作交流,形成了(3)班独具特色的“开放、自主”的学习环境、“融合、团结”的班级氛围。

绝少动怒,好脾气的汤老师自有其非凡的管理经,往往于不动声色中让我们为之折服,且听我细细道来。一天班会课上,汤老师突发奇想似地叫几个同学介绍学习经验,着实让我们大吃一惊。几个同学推推嚷嚷,不大情愿地走上讲台。“我错了……”这开头更是令我们丈二和尚摸不着头脑。汤老师狡黠一笑,继而微微点头,台下的我们也恍然大悟:汤老师是想以此来提醒一下这几个自习课偷溜去打乒乓球的同学要权衡轻重,而台上的同学想必也是明白了汤老师的良苦用心。这个闪耀着智慧光芒的小“计谋”,看似轻巧,却足以让所有同学有所反思,足以让不经意间的小错误不再与我们的人生轨道擦肩而过。

很多人以为:数学老师是理性的化身,而我们汤老师却不尽然,智慧的老汤更有着对我们细微的关怀与温暖。

军训时，烈日骄阳下的我们胳膊僵硬地走正步、口干舌燥地唱军歌。当解散的哨声响起时，纷纷跑到休息区拿杯子，竟发现我们杯子里的水都被灌满了。抬起头，正撞上汤老师默默远去的背影，心里涌起莫名的感动，身上的酸痛似乎也减了几分，因为我们知道：虽然我们离开了父母，但是汤老师会一直陪伴着我们。

在平时的学习生活中，汤老师对我们的爱心更是融化在了点点滴滴之中：是那句放学前的叮咛"下雨，路上小心点"；是那声在学生病后痊愈到校后的关心"身体好点儿了吗？"；是那句在楼道上相遇时的叮嘱"平时要多来问问题……"

还记得有一次因为我们的误点，音乐老师紧急询问，汤老师回应："孩子们已经在路上了。"这样一句朴实的话，却在我的心底泛起点点涟漪。"孩子们"，汤老师以自己独特的方式，站在某个角落，默默地关注着他的孩子们，给予着我们点滴的温暖，引领着我们更好地成长、成人、成才。

所谓"爱其师、信其道"。我们的老汤，我们可亲可敬的汤老师，不仅是我们心底永远的"飞星哥"，更是我们"人生的向导"，指引我们秉承"诚恒"校训，走向更美好的明天；而明天的我们也不会忘记，在这片乐土上，曾经有您，为我们插上梦想的双翅；有您，为我们点亮前进的烛光。最后，请允许我代表（3）班的所有同学，向我们的可亲可敬可爱的"飞星哥"致敬！

做一个平等、宽容的教师

朱志平

朱志平，1965 年出生，徐州师范学院生物系毕业，中学高级教师，南通市局直学校学科带头人。1984 年参加工作，先后在如皋市搬经中学、江苏省如皋中学、南通市紫琅中学、江苏省南通中学任教。曾被评为南通市“168 爱生师德典型”，获南通市政府记功嘉奖。历任南通市第九届、第十届、第十一届政协委员。

早年的学生评价我，说得最多的是我和学生平等相处，对学生关爱宽容，恭维我在三十年前就具有了现代的教育理念。其实他们哪里知道，我最初选择对学生平等、宽容是一种无奈，慢慢就行成一种习惯，时间再长了才形成一种风格。

短斤缺两的学生生涯

作为一个农村学生，和大多数同龄人相似，我小学和初中所接受的教育其实是不全面的，没有风琴，没有画板，没有图书，但幸好还有负责任的教师，所以现在回忆起来是快乐的。

“文革”后的1979年，如皋中学第一次在全县范围内招生，我稀里糊涂地被录取，并且成绩还不错，在我们班上还是第一名。当时，我心里洋溢着得意，还带有几分虚荣，当然，也对未来充满了憧憬。可是，开学不到两个月，因为生病，治疗、休息了两个多月，再进学校以后，就退步很多了。我学习上对自己要求不严，缺少刻苦精神，小学和初中阶段也是稀里糊涂地学习，没有养成良好的学习方法和习惯，生病休息又给自己提供了一个很好的借口，成绩就一直停滞不前。更糟糕的是，我找到一个寄托感情的场所——学校图书馆，所有的课余时间，我都浸泡在小说和诗歌中，甚至还偷偷利用课上时间，弥补着以前阅读缺乏的损失，幻想自己成为文学青年。老师一看情况不妙，建议我休学，我有了休学的思想准备，更是无所顾虑地做文学梦。学年结束时，因为学制改革过渡，休学要晚两年才能毕业，只能选择继续跟班学习。

第二学年，教室门前高二的牌子挂了一周后又换成了高一，已经上完的高一算是初三。一学期后，开始有了文理分班的传闻，我开始窃喜，终于不要学理化生了，但学校最终决定，高二才能分班。考虑到以后分班的需要，历史、地理以兴趣班的形式提前开班，我当仁不让成为了其中的一员，并带去了一帮小弟，而且学得也很不错。但是高二正式分班时，性格的弱点左右了我的人生走向，在犹豫徘徊中，我鬼使神差地选择了理科。一位姓严的地理老师，出于关心，专门和我谈了一堂课，但我没有接受他的忠告。高二一学年，我就像是躺在渔网上的渔翁，依然不肯努力，只是幻想。学校原先说，我们高三毕业时参加高考，我就觉得高考还很远，还可以优哉游哉地享受。四月份往届生预考时，学校突然说，我们也要参加，那时我们很多科目的课程还没有结束，更别说复习了。1982年的高考，如皋中学考得不太理想，我更是悲催，勉强达到本科起分线，填报师范就成了现实的选择，在焦急的等待中，终于接到了徐州师范学院生物系的录取通知。

在家人的陪伴下，到了学校，上了三天本科，第四天学校说，因为首届开班，师资不足，我们被调整为专科了。抗议，但无效，退学，但要到1984年才能参加高考，我们全班同学只好在悲愤和无奈中接受现实。以后再回想，好像填报志愿时，招生简章上写的是生物科，我自作聪明地认为，招生的人数多是系，人数少是科。发着怀才不遇的牢骚，写着被退稿的小说，当然也做了许多实验，采集了许多标本，大学两年很快就过去了。最后一次从学校大门经过的时候，才觉得学校原来也很可爱。就要当教师了，一次次问自己，你准备好了吗？

嫉妒学生的伢儿先生

怀着忐忑不安的心情到搬经中学报到后，有一位中年教师主动来找我寒暄，他是一位化学老师，后来成为我的师傅，我分配来之前，他教高三化学，同时兼教高三生物。对我的到来，他最开心，用他的话说他终于解放了。虽然我有思想准备，但拿到课表后，我还是想哭。两个初三班的生理卫生，两个应届高三班的生物，最雷人的还有一个高三补习班的课务。补习，那个时代大多数高中生都很熟悉的名词，我在徐州上学的时候，正在补习的同学写信对我说，听到外面下雨，他感觉到天也在哀怨，在哭泣，他忍不住陪天流泪。我这个同学可不是多愁善感的小男生，而是一个性格开朗的男子汉。

我很紧张，只能用备课来缓解自己的情绪，从班主任那里要来学生名单反复研究，几个班级的教室位置也勘察了几回。在惶恐不安中，终于等来了工作以后的第一堂课，理科补习班的课务。

我脚步匆匆地走进教室，没有敢看学生一眼，紧盯着教案就开讲起来，5分钟以后，觉得讲台下面气氛不对，就停下来询问。前排的学生小声问，老师你是教什么科目的，我说教生物呀，他很不好意思地说，我们是文科补习班。晕了，我走错教室了！我很不解说，我昨天来看过，这是3班的教室呀，他解释说，昨天下午换的牌子。我有点恼怒问，开始为什么不提醒？他解释说，我们新调来的地理老师还没有到位，我们刚开始以为你是地理老师。

那一堂课我讲的是生物学的绪论，以后这个班的许多女生在校里见到我，就对我指指点点嘴里喊着“绪论”。在一片善意的笑声中，我夹着备课笔记走进了隔壁的教室，真正的理科班教室。闹了一个大笑话后，心情反而放松下来，终于敢观察学生了。下面的学生全是“大学生”，估计我坐到下面去，不管是年龄还是身板，肯定是最小的之一。我还看到一个熟悉的面孔对我露出尴尬的笑，仔细辨认，原来是我高中同届不同班的同学。该同学后来在如皋市科委工作，驻村扶贫时积劳成疾，不到30岁就英年早逝，被如皋市团委追授为模范团员号召大家学习。以后还了解到，该班资历最深的一位学生，是1978年的高中毕业生，我真正的“前辈”了。

全校最小的老师，教授着全校最大的学生，没有教学经验，没有讲课艺术，没有多年累积的声望，专业知识也不够扎实，一年后还得接受高考的检验，我该怎么办？自己反复考虑，又向师傅请教，觉得只有两条路可走。

一是在专业上“征服”他们。我更加认真备课，通过了补习班那些“老甲鱼”课上和课后很多次故意刁难的提问。在课上，我适当增加课堂容量，有意旁征博引，引导学生形成老师知识很渊博的感觉。有时候，我把需要讲授的内容提前背好，然后故意忘记带课本，滔滔不绝地讲上一堂课，让他们觉得我很牛。为拓宽学生视野，学校动员年轻教师开兴趣讲座，我也积极参与。一位才华横溢的数学老师，在初二年级，做了计算机语言的讲座。虽然当时计算机语言很新潮，但初二的学生没有一点基础，又完全是理论讲解，没有实际操作巩固，效果不理想。吸取了他的教训，我选择了有关生物起源和人类起源的这个大家都感兴趣的内容，对全校所有的学生开放。农村中学的学生求知欲很旺，来的学生很多，借来做讲座的实验教室的过道上都站满了学生，外面的窗台边也扒着许多学生。我很受感动，发挥了超常的水平，学生听得也津津有味，时有叫好声和掌声。讲座结束后好长时间，学生都站在那里不肯离开。怕我镇不住学生，教学校长帮我去镇场子，这时他适时地出来表示：以后这样的讲座要经常开设。就这样“忽悠”了一段时间后，大多数学生竟然都接受了我，我讲课条理性差、板书不规范、语速太快等诸多缺点，他们竟然都包容了下来。甚至初二的学生也知道学校里有一位年轻的生物老师，初二学动物学，经常有人给我送来蝙蝠、凤蝶，有一个姓李的学生还给我送来了一只3条腿的蛤蟆。但工作的第一年，和女生讲话仍然脸红，于是规定，女生有问题全部书面提问，我也书面解答。

二是主动接近学生，让他们不好意思与我为难。我的宿舍兼办公室全天候地对学生开放，不管脾气性格，不管成绩，只要走进我的宿舍，我都耐心和他们接触、交流，年龄本是我的劣势，但这时反而成为了优势。一段时间后，我的周围就聚集了一群学生，多年以后，他们都自称是在我宿舍里长大的学生。他们给我介绍班级状况、学生的个性特征、教学效果反馈等，在课上自然成了我忠实的粉丝。通过他们，我认识了班上的每一个学生，甚至知道了他们的绰号。班级白天发生的事情，最迟到晚上我都能知道。时间长了以后，一些班主任老师都要到我这儿了解班级情况。学校领导对我和学生的交流很支持，但提出了一点要求，不管在哪里，你也要让其他人认出只有你才是老师，而他们是学生。

我很怀念那段时光，怀念宿舍里的那帮"兄弟"，他们有的聪敏，有的敦厚，有的甚至经常犯一些小错误，但他们对我都很真。端午节，他们带给我一只粽子；立夏，他们会送我一枚鸡蛋；考取学校后，他们会从远方寄给我一张新年贺卡。我也回之以诚。有一个很有个性的学生，姓丛，家就住在学校操场边，整天在家里谈论我这个小先生，他祖母，一个精明的农村老太太，干脆就把他托付给我教育，平时很多时间都泡在我宿舍里。预考他没有通过，几天之后，父亲又突然去世，他一下子懵了。那几天正是小麦收割的时候，他把几亩田的小麦都运到操场上，烈日炎炎下，一个人光着膀子掼麦，那是一种最原始的人工脱粒方法。我只要有空，就拿着两个茶杯，陪站在他旁边。三天后，小麦掼完了，他黑了，我也更黑了，但我对他说，你终于要长大了。这个学生后来去当了武警，前几年转业在省林业厅，我们见面回忆得最多的就是他那次的蜕变。

1985 年的高考终于发榜了，搬经中学获得前所未有的突破，录取人数首次超过百人，我所教学科的成绩在全县 13 所高中里排名第四。那几天，又正值第一个教师节，全校教师都很激动，都喜欢到榜单下欣赏学生的录取学校，一脸的幸福和满足。可我那几天，情绪却变得很反常，常常一个人枯坐在宿舍里生闷气，看到前来报喜的学生也不兴奋。我那帮"兄弟"里最小的一个学生，考取了扬州师院化学系，来向我报喜，看到他后，我很不高兴，把他骂了一顿，怪他少考了一分，没有能录取到我帮他填报的山东大学微生物系。他很不服气，就刺激我说，不管如何，我是本科，而你还是专科。我恼羞成怒，气呼呼地把他赶走了，他边走边嚷说，你嫉妒！

其实，我真在嫉妒我的学生，年龄比我大，资质并不比我佳，考的学校竟然比我好，让我情何以堪？虽然意识到自己不对，但我还是不能立即释怀。

一个姓佘的学生，领着他的父母来到学校。这位同学，左手手指有残疾，家庭条件很不好，因为他是补习班的学生，平时和我接触并不多，他那年考取了营口的一个石油学院。他父母很高兴，很感谢老师对他儿子的培养，就买了几篮子鸡蛋，煮好后，染上红色，带到学校，逢人便发一个。手里拿着还有余热的鸡蛋，看到学生父母脸上堆出的感谢，我真的有所触动。

一天下午，一个姓孔的同学，来到学校请老师去他家赴宴。这个同学是我们邻县泰兴的，离学校有将近30里，又没有先联系，谢绝的老师较多。这个同学因此很激动，在班主任那里号啕大哭，将近半小时后，班主任老师心软了，就动员了3个老师前往。到他家一看，三间草房，没有任何像样的家具，但收拾得很整洁。我们去的时候，学生的父母正在家里等候，饭菜已做好放在大铁锅里保温，见我们到后忙布上来，标准的农庄八大碗。请他父母一起吃，无论如何都不肯，一家人一直站在旁边，满脸真诚的感激。这时候，我觉得我前几天的小孩气是多么可笑，真正体会到教师的职责。学生是远航的船，我们是送他们起航的港。

属相瓷偶和生日贺卡

2015年春节期间，如皋中学1993届高三(5)班的同学举行了一次聚会，高二的时候我做过这个班一年班主任，他们便邀请我作为老师代表参加。看到我，大家都很兴奋，有的甚至表现得很激动。一个姓陆的同学，当年曾让我很头疼，一直拉着我说话。他说他家里有一个很普通的老虎瓷偶，有一张很普通的生日贺卡，他非常珍惜，经常在女儿面前炫耀，女儿笑称是家里的传家宝，他说就是要作为传家宝传下去。

1991年，我做该班班主任，因为班务方面没有经验，更没有威信，不能像老班主任那样轻松自如地管理班级。为了陶冶学生性情、提升学生的品位，我每周都精选一篇优秀短文在班会课的时候朗读，20多年后，还有学生记得其中的一些内容。在学生18岁生日的那天，我会在晨读课前，送上一张生日贺卡，上面写有一句寄语，然后让班上的一些同学在上面签名祝福，同时送上一个敦厚可爱的属相瓷偶。陆同学的生日是5月1日，国家法定假日，他回忆说，他一直担心因为放假而收不到礼物。4月30日下午，我们班上举行了一次聚会，给5月份过生日的同学集体祝福。许多寄宿生回忆说那是他们第一次吃上生日蛋糕，但作为小寿星的陆同学最在乎的是那份小礼物。前几天，他把那张他视为珍宝的贺卡发上了班上的微信群，引起围观，有28位同学在上面找到了当时的祝福签名。

当天的聚会，还来了14位1992届的学生，因为他们来得突然，我没有做好准备，其中一部分同学的名字没有能想出来。这可犯了众怒，好多人都很激动，其中有一个姓黄的同学，现在是国防科大的教授，一边流着泪一边说，你怎么能不记得我呢，我的志愿还是你填的呢，你每年都送一个学生去科大，我们在那里谈得最多的就是你。我不停地道歉、安抚，心里涌动的都是幸福。

一转眼，30 多年过去了，白发悄悄爬满了鬓角、头顶。送走了 25 届学生，付出了许多艰辛，更收获了许多喜悦，也留下了不少遗憾。虽然当年填报师范属于无奈，但从站上讲台的第一天，我就从来没有后悔。我自豪，我是一位教师，更自豪的我是让许多学生都记得的平等宽容的教师！

爱的聚集

滕旻彦

滕旻彦，中共党员，南通中学国际教育部主任，中学高级教师，南通市学科带头人。主要荣誉有：省优秀科技辅导员、全国化学课改优秀教师等荣誉称号；主要奖项有：全国综合实践活动评比一等奖，多次获省市级化学优课评比一等奖。发表省市级论文近30篇，参与研究的课题《化学教学的条件与策略》获得2013年江苏省教学成果一等奖。

转眼间,我已是一名有着二十二年教龄的老教师了。也许,对于别人而言成为一名教师是一种偶然,或是从众,但是对于我来说,成为一名教师则是必然,是自然而然的事情,因为父母对我的影响根深蒂固。

我的父母都是中学教师,他们都来自遥远的北方,四十多年前,大学毕业分配后在南通落地生根,没有一个亲人,没有所谓的一丝背景,有的只是默默的工作。到现在我都清晰地记得,我的父母是清贫的,每天的日子都在计划中度过,因为有爱,我们姐妹俩从未吃过一天的苦,感受到一点生活的难处。我的父母是平凡的,因为有爱,他们为了一名农村学生能更好地复习参加高考,将他接到我们本就拮据的家中,一住就是一年。我的父母是勤恳敬业的,从不图名图利,因为有爱,他们用自己的点滴行动让我看到了教师平凡之中的精彩。从小到大,我似乎没有别的什么理想,即使在梦里也是梦见自己成为了一名教师,成为一名像我父母一样的教师,简单平凡,但又因为有爱而变得充实快乐。

爱,在点滴中浸润

1999 年 8 月高二分班时,我班上来了一批新学生。在众多的学生中,一个叫昀的女生引起了我的注意。昀是一个聪明、美丽的女孩,善解人意,成熟可爱,高一时还担任了副班长。在我的眼里,这样的学生是班委的好人选。然而出人意料的是,昀却以自己不适合担任班干部为由,礼貌地拒绝了我的提议。学生推辞担任班干部,这在我的教育经历中还是第一次,因而引起了我对昀的较多的关注。在随后的观察中我发现,昀虽然外表看似很乐观,但很多时候却喜欢独自一人静思。是昀的性格清高还是有其他原因?在与昀高一的班主任及家长交流后,我基本弄清了昀的事情。

原来,昀在高一的时候的确是一个很乐于与人交往的女孩,而且有好几个很要好的可以分享秘密的好朋友。对于青春期的少女来讲,男孩自然是她们热门的话题,昀也流露出自己的感觉。谁知,一个好友无意之间将昀的小秘密泄露给了昀的妈妈,心急的昀妈妈不分青红白皂,将她训了一顿,并反映给了班主任。尽管班主任老师了解到这仅仅是女孩的内心情感流露,并采取了冷处理的方法;尽管好友和妈妈事后都向昀承认了自己的过错,但这件事情对昀的伤害还是很大。从此,昀筑起了一道心理防线,不愿和同学深交,和父母也没有什么话,喜欢独自一人看书、上网。

了解情况后,我分析是好友与妈妈的失误使昀对友谊和亲情失去了信任,进一步引发对其他同学和社会的不信任,形成由缺乏信任引起的心理障碍。凭多年的经验,对于心理处于形成和发展期的青少年来讲,这样的心理障碍必然会影响其今后的行为、性格和心理的健康发展,严重的还会引起性格扭曲。然而,对昀这样敏感、成熟又受到情感伤害的女孩来讲,任何的轻举妄动都会导致其本能的拒绝和逆反心理,弄不好会事倍功半。于是,我并不急于对昀进行说教,甚至对往事一概不提,只是以需要新同学担任班委的名义说服昀担任了副班长,也因此多了一条增加与昀接触、交流的渠道。昀的确是一个很能干又负责的学生,在副班长的岗位上干得很出色。我也有意给她较多的任务,增加她与同学接触的机会,尤其是同学通过昀反映上来的问题和要求,在不违反原则的情况下,我也给予积极的回应,无形中提升了昀在同学中的威信,增加了同学对昀的信任。昀和同学之间的交流变多了,独处的时间少了。但我知道,昀受伤的心才刚刚开始恢复。

渐渐地,我们成了朋友。一天,我邀请昀来家做客,还邀请同样是老师的妈妈来陪同,希望通过自己的行动让昀感受母女的亲情。我与妈妈的亲情演绎深深打动了昀。昀临走之前对我说:“老师,你妈妈真好,我好羡慕啊!”我笑着对她说:“傻丫头,尽管表达的方达不同,天下的妈妈对孩子的爱都是一样的,关键是我们要去仔细体会。”我深深记得昀转身时含泪的眼神中流露的那份复杂的感情,我知道我已经触动了她的敏感区,尽管她不想面对,但我想是该面对的时候了。

于是,我便趁热打铁:以宽容、理解、沟通、理性为主题的话题在班会课上展开了,在周记中展开了,在语文老师的作文课上展开了,在家长会上展开了。一时间,整个班级洋溢的是温馨、理解、宽容、关爱的氛围。一天深夜,我收到昀发给我的一条短信:“谢谢你,老师,我很快乐。”我知道昀已再次回到了妈妈的怀抱,而此刻,一切尽在不言中，我给她的短信也只是："祝你永远幸福快乐！"

亲情的回归使昀打开了久闭的心灵之窗，昀不仅增进了与同学之间的友谊，而且还和老朋友恢复了友谊，一个开朗、健康、积极向上的好学生又开始了她新的人生旅途。

爱不一定是强烈的、淳厚的，爱更多的应是"随风潜入夜，润物细无声"，于点滴中慢慢浸润、感受。

爱，在尊重中绽放

2013 届周同学在高考中名列全省理科前 10 名，而在此之前似乎很多人从未听闻其名号，所以大家都称她为一匹黑马。是的，周同学从未受到任何特殊的关照。我从来没有为她特意争取过什么荣誉，从来没有和她谈过要争取考到什么样的名牌大学，从来没有给过她丝毫的压力，虽然我深深知道她是我们班最有希望的一颗"卫星"。因为周同学本就是一个文静、恬淡的孩子，不追逐名利，有的只是静静地做好自己的每一件事，她也是个有规划、有主见的孩子。我尊重她的生活态度和学习态度，像对待其他同学一样，更多地是鼓励她主动找我谈心，找老师们聊天，谈自己的感受和困惑。我做的最多的就是耐心倾听她的心声，关注她的每一点变化，请每一科老师及时在她的难点上助她一力。只希望这默默的关注和大家的点点帮扶，能让她慢慢积聚能量，以一颗平常心等待着那一刻的到来。

2012 年熊同学成为我校近十几年来唯一的少年班大学生。熊同学成绩非常优秀，多门科目获得省奥赛一等奖，尤其在数学方面具有较高天赋。她是班上的领军人物，也是大家心目中冲击清华、北大的第一人选。当熊同学初定报考少年班时，很多人劝我要留住熊同学，可我还是毅然支持熊同学去报考少年班，没有一丝的犹豫，因为我尊重她的选择，我更尊重她未来的发展。提前一年进入大学学习，并学习她最喜爱的专业，这对每一个孩子来说都是难得的机会。为此，我为她补习化学，为她向校长室申请安排插入高三学习，在学校鼎力支持和高三老师的全力帮扶下，熊同学以近 380 分的高分如愿考上了中国科技大学少年班。

爱不能是武断的、主观的，爱更多的应是尊重学生，给学生一片自由放飞的天空。因为只有这片自由天空才能让学生们找到继续前行的动力，才能飞得更高更远。

爱，在执著中致远

2010年一个夜晚，我突然接到姚校长的电话，姚校长问了几个问题后，让我写份自己的简历投递给教育部的邮箱。几个月后的一个下午，突然接到省化学教研员的电话，让我立刻联系教育部。两天后，我带着匆匆准备的材料和学校的期望赴教育部参加英语面试，最终，不负众望从面试的60人中脱颖而出，成为教育部首批中小学海外研修班30人中的一员。一个多月后，奔赴英国参加了为期六个月的学习培训。六个月的学习是辛苦的，但也是收获颇丰的。我不仅撰写发表了多篇论文，更重要的是从此我爱上了国际教育。回国一个多月后，2011年8月学校正式成立了国际教育部，并将国际部管理的重任交给了我。

国际部的管理并不如我想象的那么容易。社会的种种质疑、课程设置的茫然、优秀教师的匮乏、家长与学校教育理念的统一、合作方教师与我校教师的团队融合、中方教师与外方教师教育观念的互补等等都是亟待解决的问题。国际部成立四年来，经历了太多，有的可能是我从教这么多年来从未遇到过的事情。其中的艰辛，可能只有身在其中的人才能真正地体会到。不是没想过放弃，但因为喜爱国际教育，还是一点点坚持下来了。

四年来，我把这种热爱升华为团结的力量。我热心鼓励和支持国际部每一位教师的想法，鼓励大家成为具有个性特点的通中国际教育的先行者；努力团结爱护每一位教师，无论他来自何方，有着怎样的教育背景和教学背景，因为我知道没有什么能比得上团队的力量与智慧。我是幸运的，国际部吸引了一批年轻的教师，大家因为有着对国际教育的共同热爱走在了一起，共同奋进。我是快乐的，因为我所拥有的团队是最团结的。每个人都尽心尽力，相互扶持。

四年来，我把这份热爱升华为坚守的力量。这种力量源自对教师这份职业不变的责任感和使命感。虽然我们的学生是校园里的“小众”群体，但他们必须具备迎接国际化挑战的全面素质，他们必须面对对于他们来说几乎是陌生的一切……这一切都需要我们更多地关注国际课程班学生的个性化发展，关注他们不同时期共有的和特有的心理状态，关注他们多元文化的建设。我和我的团队们积极舒缓学生压力、疏导学生心理困扰；帮助学生制定个性化的短期和长期发展目标，并及时跟踪指导；致力于加强文化建设，多角度、多途径寻求克服“文化休克”的“良方”，使文化建设自觉化、连续化、发展化。关爱学生，关注学生的全面发展是我们国际部每位老师坚守的信念，也是我们践行国际教育理念的真实写照。

四年来，我把这份热爱升华为超越的力量。《国家中长期教育改革和发展规划纲要（2010—2020）》明确提出了“扩大教育开放”、“加强国际理解教育”的教育方针。孟子说过：“虽有智慧，不如乘势；虽有镃基，不如待时。”面对机遇，是选择墨守成规、故步自封，还是选择顺势而为、超越自我？如果说，顺势而为是大势所趋，那么超越自我则是决胜千里的勇气和追求精神境界的具体表现。我和我的团队潜心研究，拓展教材的内容，丰富教学的形式，开展批判性思维式教学、导学式教学、体验式教学、合作学习等系列教学研讨活动；展开多项课题研究，如国际课程班中语文教学的实践研究、中美化学教学的比较研究等。更新管理理念，针对国际课程班的发展目标和目前存在问题，从班主任管理、教师管理、学生学习管理、学生发展规划管理等角度出台了系列的管理条例，同时采用以自我管理为主，辅以小组帮扶、班主任、任课教师、升学指导老师指导等多方位、立体化、交互式的管理模式，使国际课程班的管理更规范化、科学化、国际化。其实，超越也是一门技术，更是需要团队的智慧和创新。

诗人泰戈尔说：“花的事业是甜蜜的；果的事业是珍贵的；但让我干叶的事业吧，因为它总是谦逊地垂着她的绿荫，孕育着花，孕育着果。”我希望我能成为这样一片“叶”，没有牡丹的艳丽，没有腊梅的高傲，没有丹桂的芬芳。有的只是默默耕耘，无怨无悔地衬托着鲜花的娇艳和果实的丰硕。但因为有爱，它是快乐和幸福的。

尽力把工作做到无愧我心

丛建平

丛建平,1962 年 8 月出生,南京师范大学汉语言文学自学考试本科毕业,中共党员。1983 年 1 月参加工作,先后服务于南通市南郊中学、启秀中学,其间曾被评为南通市教育系统先进工作者、教育系统统计工作先进个人。2000 年 8 月调进南通中学,现任学校教务员、行政支部书记、工会组织委员等。长期从事教务工作,不辞辛劳,踏实细心,被学校评为"服务标兵",并多次获得校级先进工作者、优秀共产党员称号。

2000 年 8 月，我调到向往已久的南通中学工作。一开始被安排在图书馆，那时正值暑期末，新学期开学在即，于是，就投入到繁重的分书工作中（分学生用课本、教辅）。当时我是图书馆唯一“年轻男丁”，理应重活累活抢先干。开学后，学校要我担任图书馆馆长。在老馆长的指导下，我努力熟悉图书馆的各项工作：馆藏图书量、每年购进书量、师生借还书情况、师生阅览室面积及座位数、师生私人订报刊和馆内订报刊数量、师生阅览室的开放接待、师生用课本教辅的征订等等。

2001 年寒假结束，学校决定改建图书馆，停止借还书服务，全面清理打包准备过渡。偌大一个图书馆，搬迁过渡不是简单的事，且时间紧迫，后勤处派人协助我们打包，我们分类编号造册。整理了近一个学期，搬迁准备就绪。暑假，图书馆工作人员全部加班，投入搬迁工作。一部分暂时可以不外借的馆藏图书搬到求真楼一楼二楼阶梯教室保存，大部分需要外借的图书搬到学校临时建的过渡房，即现在的学生乒乓球馆。我们拆包按分类陈列，以便开学后师生借阅。当年过渡房没有空调设施，电风扇还不能对着人吹，因为会影响整理图书，我们只能工作一会儿，实在热得受不了，就去风扇前吹会儿，然后继续工作，半天下来，个个都是全身湿透。

那年 8 月 22 日，我们又投入到新一届学生用书分书工作。往年 8 月下旬分书，是由老馆长陆振球老师分配协调的，我是学习和做具体事情。现在是由我分配协调各人的具体工作，同时还要带头承担具体事情。那时，学校办学规模逐年扩大，初、高中将近八十个班级，学生近五千人，分书难度大，而且又在临时过渡房内分书，地方特别紧，班与班之间有书本拉不开，书又不能叠得太高，每个品种必须让学生能看清楚，便于发书时学生清点。

8 月 27 日上午，我正在埋头分书，学校领导来找我谈话，要我下午开始到教务室工作，主要任务是安排课表，同时兼做图书馆的工作。说实话，我当时感觉压力很大，虽然我原来在启秀中学就是做的教务工作，但通中是所大学校，当时初中 40 个班，高中 32 个班，规模比启秀大得多，而且我对任课教师的情况一无所知，更要命的是时间太紧了，离学生到校报到领发课本满打满算只有四天时间。但是我没有退路，只能迎难而上，下午许建平主任给我下达了各年级的周课时计划，以及学校行政办公会议的时间、备课组活动时间、年级主任会议时间需要有关人员避开上课等具体要求和有关注意事项。晚上，我开始排课表，为了不受干扰，我让妻子带女儿去娘家过渡，把家里的电话断了，和许建平主任在约定时间请示汇报工作进展，学校有急事找我，派专人来我家转达。这期间许主任到我家来看望我、鼓励我，我深受感动，暗暗下决心：以积极认真的工作态度投入到当前的排课工作及以后的各项工作中，决不辜负领导信任（我调进通中主要是因为我在启秀中学有能吃苦、能做事的良好口碑），决不让同事小瞧（排课表是矛盾比较集中的工作，大多怕接手这项工作）。秉持着这种精神，我克服困难，夜以继日地工作，8 月 30 日下午完成了手工排的课表，晚上回学校安排文印室同志打印班课表，组织教务室和图书馆的同志分工抄写教师任课表（当年是纯手工活），确保 8 月 31 日上午教师能拿到课表。教师拿到课表后，反应比预想的要好，没有突出的矛盾。

从此以后，每年 8 月底都是我工作最紧张的时候，妻子便主动带女儿去娘家过渡。随着学校办学规模不断扩大，我的工作量也越来越大，2004 年秋季开学初中 58 个班，高中 48 个班，还有崇海高中部。2010 年开始，学校实施多元化办学，先后开办了西藏班、国际课程班，不仅工作总量增加，而且西藏班、国际课程班的排课要求复杂，任课教师大都跨头，有跨本部和西藏班的，有跨本部和国际课程班的，排课前要协调好多种关系。还有高二学业水平测试前、高三高考前等的临时课表，虽说是临时课表，但对我来说工作量和难度不小于正式课表。我始终坚持科学合理的原则，宁可自己忙点累点烦点，也要尽量照顾到任课教师的实际困难。多年来和任课教师建立了良好的工作关系，没有发生大的冲突。

我到教务室的第二块重点工作就是安排、落实校内外各种考试。

一是学校内的考试。校内的考试有期中期末考试、教研室组织的调研考试、高二、高三的模拟考试，近几年学校又搞月考，加上每学期开学初的考试，一学期有五次大规模的考试。尤其是学期开学初的考试最是费心，因为新学期开学是教务室最忙的时候，要编排教师课表、整理分发教师用书、落实市教研活动地点等工作都挤在极短的时间内，这时候又要安排考试，实在是忙上加忙。但是学校决定了，我们只有服从，而且要把事情做好，不能出差错。每次考试学校确定日程后，我根据学校现有教室落实考场、编排监考表，组织好分装试卷、考前发试卷、考完收试卷等一系列考务工作。

2008年前，学校有初中部和高中部，一百多个班，教学楼就三栋，每次考试要分上下场，上午第一场考试7点多开始，我们教务室的人员6点半前就要到岗，中午要忙到12点。下午1点半开考，我们12点半又要到岗，晚上要忙到6点。这些工作虽然没有多大技术含量，但是工作量大，工作时间长，责任大。既然承担了，就要不辞辛苦，尽力做好，这就是我们的工作态度。

遇有教师因病、因事不能到岗监考，要及时调配。有次某老师的孩子半夜病了，她陪孩子在医院检查挂水，确实无法监考；还有次某老师本人突然生病，夜里去医院就诊后留院治疗，无法到岗监考。这些情况几乎经常遇到，我都想人所想、急人所急，及时调度安排，确保不影响考试进行。

二是学校外的考试。校外的考试有系统内会考(2008年开始的小高考)、高考、英语口语测试等；系统外的有公务员招录考试、计算机程序员考试、地税局的能级考试、财政局的考试、公安局的考试、研究生招录考试、南通市招录干部考试等。学校接受这些考试后，我的工作是：安排考场、考生休息室，联系广告公司制作横幅、考场分布平面图及各种标牌，准备各种考务用品，协助领导落实监考人员。由于这些考试都是在休息天进行的，教师们平时工作就很辛苦，尤其是毕业年级的教师，好不容易盼到休息天处理点家事，自已调整调整，再请他们来加班监考，大都不乐意，还要选聘素质高的监考教师实在不容易，就这项工作每次要花费很多时间，反复跟教师讲清楚，考试是学校承担的政治任务，希望每个通中人为学校分担，克服困难，小家服从大家，如此这般说了一大堆的好话，最终，都能得到大家的理解和支持。

学校征订师生用书原来是由图书馆馆长负责的，我由图书馆馆长调到教务室工作，这项工作也就一直由我做。这是一项政策性很强的工作，由于征订师生用书涉及费用，且标的较大，一直以来是师生、学生家长和社会关注的热点。因此，从省教育厅到市教育局先后出台了不少有关征订师生用书文件规定，我校征订师生用书的流程是这样的：新华书店教材科征订会议后，分管领导把有关政策文件、订单一并给我，我在学习有关政策文件的基础上，结合我校多年来形成的惯例，拟定《征订师生用书通知》，将各科订单复印分发到个备课组长，由备课组长根据教学需要选定教材并配订一种学生用辅导用书，教师适当多选1~2种辅导用书，在规定时间报教务室汇总。其间，由于备课组长教学工作比较忙，往往很难及时汇总订单，需要多次催促。每次，我总是不厌其烦地联系催缴，不耽误全校的征订工作。

江苏省2008高考方案实施后，由于学生选课的关系，征订师生用书更为复杂，而且我校学生选科后变动也比较大，各科用书数量常有变化。多年来，我和新华书店教材科的工作人员保持了良好的工作关系，师生用书的品种、数量有变化随时和教材科的工作人员联系，确保不耽误教学工作。学校开办西藏班和国际课程班后，征订情况更为复杂，西藏学生高考考5科，都计入总分，从高一到高三的课程设置和学生用书与普通班差距很大；国际课程班也很复杂，高一和普通班同步，高二、高三外语课程增多，中文教材逐年减少。这些工作，头绪繁多，涉及的人和部门多，稍有疏忽很容易出错。这么多年来，我凭着为师生做好服务的热心加细心的习惯，每次都顺顺当当地完成了征订。

随着高校招生制度不断改革，各高校自主招生规模越来越大，我负责所有自主招生材料的邮寄工作，每年自主招生材料的准备时间很紧，大都是限时寄出。招生材料的安全及时寄达与否关系到每个考生及家长，如有差错或延误，无法挽回。

2013年春节期间的一个中午，我突然接到高三分管主任的电话，查问高三(14)顾某同学寄往南京农业大学的材料情况。原来，该同学的家长联系一同寄出材料的几个同学，都说已经通过学校预审，进入下一轮，没有看到顾某的名字，顾同学家长很是着急，打南京农业大学招生办公室电话没人接(还在春节假期间)，家长以为可能学校寄材料出现差错。知道这个情况，我也很紧张，放下电话，马上赶到学校，查了寄往南京农业大学EMS号和所寄材料的学生名单，在EMS官网查了该号的去向，显示南京农业大学已签收。我立即将情况报告分管主任，并直接电话联系顾某同学家长，告知实情。后来，学生家长得知是因为该同学没有通过学校预审。据不完全统计，每年在我手上寄出的自主招生材料要达到300份左右，没有出现过一例失误。

回顾这么多年的工作，内心的感受也颇多。我最初做教务工作是在南通市南郊中学，记得当时南郊中学的祁勇老校长和我说过一句话：培养一个好的教务员比培养一个好教师难，难在教师大都乐意而做，而教务员大都改行来做的，内心并不十分愿意。老校长是出于鼓励我做好教务工作而说的，这么多年我也一直用老校长的话激励自己。

我的教务工作从南郊中学开始，由于南郊中学规模小，对教务工作的艰难还不甚了了。后来，启秀中学十二年的教务工作，使我初步体认到教务工作繁杂。南通中学的十多年教务工作，更是让我如履薄冰，不敢有丝毫懈怠。记得我的前任钮小平老师退休前经常说的一句话是：工作越做胆子越小。现在我对这句话的体会更深。

教务工作让我备尝酸甜苦辣，也有诸多体会，要做教务工作需要由以下几方面的素养：

首先是要正确认识自己和自己所做的工作。由于种种原因我没有接受过正规的师范教育，安心做好教务工作应该是我自己的选择。教务工作在整个学校教学工作中的位置十分重要，校长、教务主任的教学思想、管理理念都是通过教务员的工作得以贯彻落实。

其次要牢固树立服务育人意识。教务员工作是二线工作，不直接服务于学生，也没有多少学生知道教务员，教务工作就是默默无闻地为师生服务，为教学一线服务。学校教育教学工作的顺利开展离不开教务工作。

再次要钻研业务。一是要掌握教务工作的基本规律和流程，教务工作很繁杂，每学期的工作有相似的，更有变化的，要做有心人，收集保存有关资料，对自己的工作要精益求精。虽然，我在南通中学教务岗位上工作十多年，但是我做事不因循守旧，我常告诫自己：每项工作都视为第一次来做，不马虎、不敷衍，每项工作努力做到自己内心无愧。二是多学习，努力提高自身修养，拓展和师生交流空间。三是要掌握现代化办公技术、技能。随着科技的发展，原先手工制作已经不能适应工作需要，必修与时俱进，学习研究现代化办公技术、技能，努力提高工作效率。

我在南通中学工作了十五年头，我热爱学校，热爱教务岗位。在过去的工作中，虽然因工作繁杂而烦恼过，但工作顺利成功又给我带来快乐和收获。我先后被学校评为“服务标兵”、“难忘教师”等荣誉称号。展望未来的工作，我将努力学习身边的先进人物，一如既往地为师生服务好，为学校的发展献出自己的绵薄之力。

愿平静外表下有颗感人的心

徐德均

徐德均 ,1964 年 1 月出生,中学高级教师,南通市学科带头人,现任南通中学教务处副主任。参加工作以来一直从事高中数学教学和教学管理,教研兼修;在全国中文核心期刊等中学数学专业杂志上,发表具有推广、实用价值的论文四十余篇;指导的青年教师多次获全国、省、市的优课评比一等奖;指导学生获得全国数学奥林匹克、高中数学竞赛一等奖;主持或参与过多项教育部及省市教育科学规划课题研究;先后荣获江苏省教育科研先进个人,南通市园丁奖、市第六届优秀科技工作者、市师德标兵等荣誉称号。

言传身教，生根发芽——我愿是春天里的一颗种子

2009届高中(13)班学生周宇在回忆有关我的教学故事时，描述道：

高中的第一堂数学课。

大家正好奇地翻着新书，忽然——“你们班的白粉笔？这黑板擦……”抬眼望，一个中年男子的形象赫然在目——一件干净整洁的白色T恤，一副金丝边的眼镜，还有一张严肃的脸。

噢，他就是大名鼎鼎的年级分管主任、我们班的数学老师——徐德均老师。

课上，徐老师一步步地认真书写着解题过程，不疏漏任何一个细节。每当看到有些同学不以为意的样子，他总是彬彬有礼地一笑，然后道：“同学们，再简单的题目也要抓好每一步，对不对？”措词简单，寓意深刻。新授课阶段，徐老师稳抓基础，踏踏实实推进。

“喂，你们不觉得咱们徐老师总出简单题，该不会是他自已不会解难题吧？”有同学开始“分析”徐老师了。

“你真幽默，人家可是南通市中数理事会副秘书长啊!!!”其他同学提出“解题”思路。

“此题”暂无解。

……

大伙儿在迎接期中考试的浪潮中精心准备着。一日，发现一道函数题特棘手。一人道：“咱们去徐老师那儿问问？”

于是，轻手轻脚地敲门，小心翼翼地进办公室。徐老师笑着，以示抱歉：“请等我把这题看完，好吗？”他手中的作业本已被精心地打上了好些小钩，也被细致地圈点出些许不足之处。

顷刻，“你们，说吧！”

我们连忙递过一张纸条。

看完题目，徐老师便动了笔。咦，他居然不用草稿纸？那可是一道相当抽象、相当复杂的综合题啊！难道……未等惊讶的情绪平静，徐老师缓

缓地用他那标准的男中音道："结果是$\frac{5\pi}{7}$吗？"

"啊！啊！啊！对！对！徐老师，你的速度太快了！"

"呵，你们做多了，一定能超过我！"两眼中饱含着期望。

自打这一"问题目"事件在班上传开后，大家都为徐老师深藏不露的高水平所深深折服。

徐老师上课常用关联词以示逻辑思维流程，其中，最令人难忘的当属"显然"一词。这个在词典里毫不起眼的普通词汇，被徐老师用独特的发音描绘得极富个性特色。班上几个活跃的男生甚至当面以此调侃。我们不禁担心起来：徐老师会不会向班主任反映？会不会批评我们一通？直到在后来的一堂课上，他说了这样的段话：

"同学们，书写一定要规范。'因为'的符号是三个点朝下，是钻石。'所以'的符号是三个点朝上，是矿石。千万别'钻矿'（状况）不分，因果混淆！"全班大笑。

"当然，我们还可以用'即'、'亦即'、'故'、'因此'等等。"忽然，徐老师略顿，恍然大悟地微笑着说："对了，我们同样可以用'显然（xǐ ráng）'一词！"

教室里的气氛突然奇怪起来，大家强忍着。终于，随着一男生"扑哧"一声，全班再也忍不住了，一个个前俯后仰……

"笑了就不要睡了吧！我们继续……"徐老师转身，开始抄下一题。

活跃气氛，寓教于乐。徐老师没有想象中的严肃至极。骨子里，他是很亲近学生的。

……

徐老师以他那踏实严谨、循序渐进、生动活泼、扎实有效言传身教的治学方法赢得了学生的认同、尊敬。我们的数学实力日益增强。点点滴滴中，徐老师带给我们发人深省的智慧的种子在我们心里生根发芽。

关爱学生，乐于奉献——我愿是盛夏的一朵浪花

学生们说："徐老师把属于自己的时间和情感都奉献给了我们。"这话一点儿不为过。

2013年，我在兼任北城中学常务副校长工作期间，还担任通中高三(9)班一个理科班的数学教学任务。高三(9)班的学生，数学基础不太扎实。课上，我扎扎实实授课；课余，总要从繁忙的工作中抽出时间，深入班级，有的放矢地辅导学生，受到了学生们的喜爱。周养盈同学，学习基本功扎实，思维敏捷，勤奋好学，学习品质和学习素养都很优秀，但因为年龄比同学小，对数学问题的思考深度和广度不够，成绩优秀但不"冒尖"。于是，我主动找周养盈同学，了解她学习上的困惑和瓶颈，与她谈数学思想，谈学习数学的方法技巧，谈自主个性学习与合作学习的统一……经过一段时间的引导，周养盈同学的数学成绩终于有了质的飞跃。

由于过度劳累，2013年3月底，我突发性心肌梗死病倒了。为了让学生们能安心踏实进考场，身处康复期的我，不顾医生的劝阻，冒着病情加重的危险，毅然决然为9班的学生作了考前数学辅导与心理调节，让9班学生们得到了极大的鼓舞。

2013年高考结束。周养盈同学以414分(江苏省总分前10名)的优异成绩被清华大学录取，同时9班大多数同学，都正常或超常发挥，取得了令家长、学校和社会满意的优异成绩。

周养盈同学在给我的贺卡中写到：感谢您病中不辞辛苦地为我们付出！您一丝不苟、执著奉献的精神，深深地打动了我们！您的言传身教，永远激励我一路前行！

看到学生成长进步，回味学生诚挚的感谢，我知道，自己只是尽了一个教师应尽的责任。

在做好9班教学工作的同时，我更不会忘记同时分管着学校的教学工作。繁忙的六月上旬，刚刚忙完高考；中旬，中考又迫在眉睫。我不顾身体状况，坚持到北城中学，一方面与老师们一起分析初三学生复习迎考的学情，同时指导学生中考考试策略与技巧；一方面指导初三学生考前心理调节，同时又部署全面送考工作……2013年的中考，北城中学应届毕业生342名，有128人被通中、南通一中等重点高中录取，近60%的学生被普通高中录取率，优分段学生总数、重点中学录取比例，均位列同类学校前茅。福建莆田籍学生陈同学考上通中，这个入学时连26个字母都写不全的孩子，竟能高分考进通中，令众多家长称奇。

人在医院，心系两个学校的教学和工作；人在医院，我还心系贫困学生和教职工的冷暖。

我长期默默无闻地资助北城中学家境困难的学生朱同学、张同学等，帮他们解决学习必需用品、在校就餐的伙食费等。我还是学校春蕾班24位孩子心目中的家长与班主任，经常与孩子们交心谈话，了解他们学习、生活的情况，帮助他们克服自卑、不自信等心理障碍，引导他们积极向上，学会做人、做学问。生病期间，我还经常关注他们的学习与生活。最后，学校春蕾班上的孩子们，都圆满完成了义务教育阶段的学习，顺利升入更高一级的学校学习。

努力钻研，勇于创新——我愿是秋季里的一道风景

我对中学数学教学发自内心地挚爱并锲而不舍地追求，学科知识和教学基本功扎实，且有深刻的认识和独到的见解。在长期的教学中，逐步形成了“以思维训练为核心，以思考教学为主线”的教学观，形成了“发展学生思维为目标”的教学风格。我是南通市高中数学学科带头人，南通市中学数学专业委员会副秘书长，是南通市高中数学基地专家组成员；多次参加南通市高三数学调研测试试题的命题、审题、校题等工作，为南通市的中学数学教学竭尽绵薄之力。

我是一个科研型学术型教师，有一定的教育科研水平，在中学数学教学研究、教育学研究、课题研究等方面均有建树。

近几年撰写的来源于教学实际，又服务于教学实际的心得、研究论文，公开发表在《数学教育学报》《数学通报》《教学月刊》《中学数学教学参考》等中学数学专业杂志上，达四十余篇。发表在《数学教育学报》上关于数学素养教育叙事性论文，深得学报主编、编辑的认可并得以推介。

在数学教育研究方面，代表论文有：《“百年通中”教育发展之启迪——从三位数学院士的成长片段看数学素养教育》（发表于全国中文核心期刊《数学教育学报》第20卷第5期）；《数学课堂教学中操作活动环节的一些“误区”管窥》（刊载于2013年《中学数学月刊》第8期，并被中国人民大学复印报刊资料复印）。

在数学教学研究方面，代表论文有：《数学模式转换的类型与教学策略》（发表于全国中文核心期刊《教学月刊·中学版》教学参考第559期，并在期刊封面作提要介绍）；《从模式观看“不等”与“相等”的辩证转换》等（刊载于《中学数学教学参考》2013年第4期）。

在思维方法研究和解题方法指导方面，代表论文有：《文化形式 思想观念 常用工具》（发表于中等教育类核心期刊《数学通报》第50卷第9期）；《用生成函数求线性递推数列的通项》等（发表于《中学数学月刊》第322期）。

我主持研究的课题有：教育部“十五”规划课题“人格教育课程研究”子课题“导学式教学的发展研究”、“课程管理与人格教育的研究”；南通市“十一五”教育科学重点规划课题《中学数学课程中数学实验的研究》；南通市教育科学规划“十二五”课题《“通中”数学校本选修课程开发与研究》等。

我还参与了以下课题的研究：江苏省现代教育技术研究课题“新课程背景下信息技术与学科课程的整合”（为课题组核心成员）；全国教育科学“十一五”规划教育部重点课题《高中教师数学学科知识（PCK）的案例研究——以高中数学必修课程为例》；江苏省教育科学规划“十一五”课题《概念图在数学教学中的应用研究》。

不计名利，勇挑重担——我愿是冬日里的一缕阳光

为了贯彻执行国家“教育均衡化发展”的新战略，推进南通义务教育均衡发展，2010年1月，我服从组织的安排，到联合办学的单位——南通市北城中学支教，为期三年。北城中学是原秦灶中学中学基础上创办的。当时还未迁入新校区，其前身的秦灶中学的破旧情景，至今仍记忆犹新。刚踏进校门，心里就感到极大的落差：两栋陈旧的教学楼，孤零零地坐落在操场边；煤渣跑道扬起漫天灰尘；隔壁工地嘈杂声，连续不断。但看到孩子们微笑的面庞，家长信任的眼神，我暗暗下定决心，“一定要办好港闸教育，决不辜负区委区政府的厚望和港闸人民的重托。”

起初，“人员分流”在老师中传得沸沸扬扬，大家都担心与名校联办后自己的出路，部分老师甚至采取一种消极怠工的态度，对我的到来充满“敌意”。我没有

抱怨，完全理解大家的心情，多次和原学校校长一起找老师们谈心，帮助大家打消顾虑。我告诉老师们，“联合办学的目的是相互学习，相互促进，我们不是来挤大家工作岗位的，我们承诺：每一个爱岗敬业的同志在北城中学都有自己的工作岗位，北城中学需要你们！”

我坚持以人为本，积极地从生活上和思想上关心着广大的教职工们。有一位新调进的蔡老师生活上受到了挫折，情绪一度出现低落，严重影响了正常的工作。我多次和蔡老师谈心，从思想和生活等方面关心他。在我的关心和鼓励下，蔡老师逐步走出了阴影，并以饱满的精神全身心地投入到教学工作中。他感激地说：“如果不是徐校长，我这辈子都会背负着沉重的思想包袱，一蹶不振，是他给了我重新生活和工作的信心和勇气。”

胡老师、金老师担任学科组长多年，具有丰富的教学经验和理论知识，都是快要退休人了，且胡老师的身体一直不太好。我充分肯定了两人的教学成绩，悉心安排了两人的工作任务：① 常听课，多评课，对青年教师进行理论方面的指导，帮助他们快速成长。② 负责帮助学科组整理积累资料，编制、审核试卷，并对考试成绩进行质量分析，研究中考动态，对中考冲刺教学提出可行性意见和建议。③ 协助图书馆的部分工作。这样既充分发挥了两位老同志的余热，为学科组和北城中学教学质量的提高奉献智慧，又让他们从繁杂的备课、上课、批阅作业中解放出来，体现了人文关怀。这样的举措让全体教师信服、称赞。

在北城的日子里，我以校为家，倾注了辛勤的汗水和浓浓的情意。每天早晨，校园门口，同学们总能看见我的笑脸，和亲切的问候；每天晚上，总是走得最晚的一个，办公室里的那灯光下，是我依旧忙碌的身影。为了把自己真正融入北城中学，我把自己的党组织关系转入了北城中学党支部。我用一言一行感动着每一位教职员工，大家都憋足了一股劲，一定好好干，让北城中学尽快实现“联合办学的榜样、素质教育的示范、常规管理的窗口”。

我深深知道，只依靠自己认真负责、洁身自好是远远不够的，只有形成一个优秀的团队，才能使学校突飞猛进。每周行政办公会上，我逐个点评各部门的得失，详细布置每星期要完成的任务，手把手的指导各部门负责人开展工作。

北城中学刚建立，学校设置了办公室和学生处两个新的职能部门。办公室作为学校的中枢机构，事情纷繁复杂，新上任的办公室主任（原人事秘书），经验不足，工作中常会碰到一些困难。我从不责备，而是耐心的指导，亲力亲为地示范。经过一段时间的磨合，办公室的工作不仅完全走上正轨，而受到了教职工们的充分肯定和好评。

陈老师是原语文组的学科组长，优秀班主任，办事能力强，与老师们的关系融洽。我多次找她谈心，希望她能够负责学生处的工作，为学校分忧。在诚挚的交谈中，陈老师被我对北城中学的一片赤诚之心深深感染，她说："你放心吧，有你这样的好领导，我定会好好干！"陈老师到学生处后，工作开展得得心应手，学生的日常管理工作卓见成效。如今，整洁的校园，良好的学风，文明的礼仪无不折射出百年名校——南通中学的影子，给来访的专家、学者留下深刻的印象，得到了上级领导的高度赞誉和一致好评。

最后，让我用一位学生的评价作结：荏苒的光阴，如梭的岁月，不变的是，徐老师平静的外表下，那颗因为拥有热爱而感人的心……

守拙宁静以致远

陆刘华

陆刘华，1955 年出生于上海，中共党员，中学高级教师。1973 年 12 月毕业于南通师范学校，之后通过进修获得大专、本科学历及教育学学士学位。从教四十余年，先后在南通市第七中学、南通市实验中学、南通中学任英语教师和行政群团工作，历任团总支书记、团委书记、校长室秘书、教导主任、校长助理、人事秘书、党政办主任、工会主席等职，是共青团第十一次全国代表大会代表，曾获记大功奖励及“南通市优秀宣传思想工作者”、“南通市工会先进工作者”等荣誉称号。

十八岁就当了教师

1969年“文革”中，学校开始复课，我可以上学读初中了。9月我跨进了通中的大门，所在的班是三连二排，班主任侯荣慧老师教我们数学，教我们语文的是严迪昌老师，后来是季修甫老师。1971年末月一天，班主任突然通知我去参加学校召开的一个会，会上告知，因“文革”动乱多年，教师奇缺，市里要从当时高、初中生中选拔一批学生送南通师范学习，出来后补充到中小学当教师。回家跟父母商量，他们都同意，就这样1972年元旦期间我们这批来自市区中学的高、初中生走进通师成了师范生。虽然还在“文革”中，但在通师两年的学习还是规范扎实的。1973年12月12日，我拿着介绍信去南通市第七中学报到，开始了我当教师的职业生涯，那时我刚满18周岁，未曾想此后的从教之路一走就42年。

冰天雪地赶第一课

南通市第七中学地处狼山脚下，那时的狼山因“文革”的破坏，一派破败萧条景象，再加上周围驻扎有军事单位，发展也受到限制，公交5路车要45分钟才一班。报到后我就住校，只有周六才乘车回家。学科组长是罗俊明，他是一个热心肠的人，对我这样一个高中生模样的小伙子十分关心，我处处得到他的帮助。罗老师住在学校教工宿舍，我常看见他在家里抱着孩子，边听灵格风英语唱片，他的好学精神对我这个刚参加工作的年轻人影响很大。

我上第一课的经历至今难忘。在学科里听老教师们一段时间的课后，教导处就通知我新的一周起排了正课。星期一上午第二节课是我开始教学生涯的第一课，很重要啊！不料星期天的一场突如其来的大雪，让南通城一下子成了冰天雪地。我星期一天刚亮就爬起来准备赶往友谊桥5路车起点站，但从家里出来才知道所有的公交线路都停运了，走到钟楼十字街那儿，1路车站满是要乘车上班而走不了的人，骑自行车的一个接一个地滑倒，大转盘仿佛是一个大溜冰场。这下可急坏了我，要准时赶到学校上第二节课是不可能的了，但不能第一课就让人代课呀！我设法给罗组长打了电话，请他帮我调下课，我一定赶到学校上第四节课！当时家里就一部自行车，我打完电话就往父亲单位跑，拿了父亲的车再往狼山赶。往常从城里骑到狼山要半个多小时，现在厚厚的积雪，车骑不向前，心里又急，一路摔了好几跤，赶到学校时汗水已湿透内衣，所幸我及时赶上了第四节课。如今，课是怎样上的已记不清了，但冰天雪地赶第一堂课的情景至今记忆犹新。人生之路不也像这冰天雪地赶课吗？一路虽有跌跌撞撞，但心里有一个念头就要不断前行。

一幅珍藏的合影

我所珍藏的物件中有张拍摄于33年前的合影，约有1.5米长。合影中在前排中间就座的有邓小平、陈云、胡耀邦等老一辈党和国家领导人。那是1982年12月30日党和国家领导人在人民大会堂接见出席中国共产主义青年团第十一次全国代表大会全体代表时的合影。记得那天我们江苏代表团在孙家正团长的带领下，中午12点半就集中前往人民大会堂，大家站立在接见大厅沿四壁排放的高低台架上，等待党和国家领导人的接见，整个接见与合影持续到下午3点多才结束。我是作为南通市教育界唯一的代表出席团的十一大的，当时我27岁，担任南通市第七中学团总支书记。南通市的正式代表还有团市委书记王德忠、南通市家用电器厂的杨霁。

回忆起我当年在第七中学任教和当团干部的经历，感慨良多。我在七中工作了不到10年，人生中最宝贵的青春献给了共青团事业，献给了七中。年轻人的热情和干劲体现在我身上就是一心想着如何把团的工作搞好，一定要走在各学校的前面。记得有一次带队参加市里在狼山军营里的学生夏令营，为了准备晚上篝火晚会，我跑回学校劈柴火，不小心斧子将左手腕拉开一个口子，鲜血涌出，捂都捂不住。到校医室包扎时，校医说，真险啊，划破大血管可不得了啦！

当年我比学生大不了几岁，师生相处融洽很有感情。我的书橱里如今还有一本七中的学生茅志新送给我的外文资料，是他考入解放军第二外国语学院后寄给我的，以表师生之情。如今茅志新军阶大校，在总参履职。那时教师学历进修每周三可以进城参加市里的进修活动，可我因为周三下午必须组织全校学生活动，只能放弃自己参加市里业务进修的机会，我的大专、本科学历进修都是调到实验中学后才先后完成的。

五四学制实验班

我于1983年2月从七中调到当时的南通市第十三中学（后更名为南通市实验

中学)任教,在那里一干就是14年,先后担任团总支书记、团委书记、校长室秘书,后来又做过一段时间的教导主任,并担任过校长助理。我的中青年大好时光是在实验中学度过的。在实验中学的那段工作经历中有两件事使我难以忘怀。

一是参加五四学制改革实验。五四学制就是通师二附搞五年制小学实验,实验中学搞四年制初中实验。1989年89名通师二附的学生进入实验中学分成两个四年制实验班,开始了初中四年的学习,到1993年7月毕业,其中有38名学生考入市区重点中学,占毕业生总数的42.7%。我(第二作者)执笔撰写的《五四学制初中段实验研究报告》发表在1994年第二期的《上海教育科研》上,后来该报告被人大复印报刊资料1994年第四期《中小学教育》上全文转载。我除了参加学制改革实验的课题研究,还兼一个实验班的英语教学工作。当时我家住虹桥新村,每天骑车带着在实验小学读书的儿子赶晨读。学校行政事务繁杂,为了保证教学质量,我把批改作业和备课都带回家晚上完成。学生毕业那年暑假,我患上带状疱疹,医生说这是长期疲劳免疫力下降病毒侵入所致。

二是我在实验中学当了一回组长——分房小组组长。在那个年代,职工福利分房可是件难差事。当年我们约法三章并做到了:分房小组成员不要房子,不接受任何人的请客或礼品,对所有申请人的原住房分房小组都要实地丈量。最终,24套新房经过"脱壳"置换解决了近40户的住房改善问题。

回到母校通中

1997年暑假,我从实验中学调到通中任人事秘书,兼初中英语教学。1971年底离开通中时还是一个初中学生,相隔26年后又回到母校已42岁。能回到熟悉的母校,能为母校服务是我的一大愿望。我算了算到60岁退休还可以为母校服务18年。

搞人事工作既要能坚持政策原则又要做到体贴群众为群众服务。我任职后的几年里,学校进入快速发展阶段。到2002年,在职教工加上离退休人员,达400多人的人事管理量。当时人事管理依然以手工文案为主,1999年建立在职人员工资档案卡、离退休人员离退休费变化档案卡,都是逐一查阅个人档案才得以完成的。同时,那时期主管部门已开始搞人事数据库,因为是初起,所以手工填表、建档仍然未变,无形中形成两套系统,工作量很大。先后建立的《江苏省中小学师资信息管理系统》、人事部的《通用人事管理系统》以及《工资管理系统》三个数据库共完成数据录入达6万个，都是我一人来承担。

有两年连续在年底增加工资，从开会布置任务到审批只有三四天的时间。建全员的增资表别人帮不上忙，一次为了赶上审批，我一直做到凌晨四点才完，一大早到校后再请同事抄复件。当大家高高兴兴领到增发的工资时，我感到很欣慰，觉得自己这点劳累算不了什么。

2000年初，我的母亲在已中风的情况下又查出肺癌晚期。那年，第二批县处级单位开展“三讲”教育，我负责学校“三讲办”的文件起草、意见汇总、会议组织等具体工作。领导干部们“三讲”讲了一个暑假，学校工作与家中的病人治疗使我两头奔忙，尤其是母亲的重病使我精神压力很大。但必须以工作为重，我只得与妻子分工，她主陪护，我主寻医买药及家务。八月里母亲病逝，我都没有影响学校工作。母亲病重时学校领导去医院看望，使我很感动。通中的人文关怀无形中影响了我以后在党政办、工会的工作。

难忘教育扬名全国时

在2002年至2007年我担任学校党政办主任期间，南通中学因“难忘教育”而声名鹊起。刘云山、李源潮、董建华、陈小娅等中央、国家、部、省、市领导先后来校视察，来自全国各地的参观考察更是络绎不绝。2005年是接待参观考察最多的一年，接待有上百个参观考察团队，有一段时间里12天接待了10批考察团队，党政办的工作压力可想而知。经常是教育局一个电话，说代表团半个小时以后就到，你得放下手头工作，准备接待场所，准备资料，约请学校领导到场等等。客人走了，你才能回到原来的工作上去。为了做好接待国家领导人的视察，学校、教育局要与市政府接待处的有关领导多次接洽具体安排，从活动时间线路到座位安排等细节逐一敲定落实，一个具体安排多次变更是常有的事。在党政办工作期间，学校创办了校报《通中报》（至今已出157期），制定了南通中学第一部内部管理制度大全《学校规章》，通中还在全市首家启动实施教师发展目标规划工程，这些我都参与其中，尽了自己的一份努力。

在抗击SARS的日子里

2003年中国人民共同遭遇了“非典”。在当时的非常态下，学校作为未成年人密集的地方，防范的责任压力是非常大的，党政办公室承担了学校疫情监控和师生健康状况上报的任务。为做好防范SARS工作，学校不仅每天要向上级部门报告学校人员健康状况，还要随时根据上面的要求完成指定事项。例如五一节前，为了掌握和控制三外人员，要连夜调查本校毕业生中在京在穗的大学生返通情况等，办公室、学生处全体同志出动各负其责，配合有关部门进行逐一排查，及时完成任务。那年我同其他几位同志被教育局评为抗击“非典”先进个人，每当看到这本荣誉证书，就会勾起对那段非常时期的回忆。

工会工作就是服务

2005年我因眼疾而手术，鉴于此状，在我多次请求下，于2007年年底中层干部新一轮竞聘中我离开了党政办，转岗从事学校工会工作。主持工会工作对我来说是新的领域，但我相信只要诚心诚意为教职工服务，一定会得到广大教工群众的认可。

学校每年要召开一次教代会全体会议，这是学校政治生活中的一件大事。我从担任党政办主任起就参与了每次教代会会议的筹备工作，2008年担任工会主席后，每到年底更是事无巨细组织整个筹备工作，从向党委提出召开教代会的建议到

会场安排，都要具体操作。为了加强学校教代会的制度建设，这些年来我先后为教代会起草了《江苏省南通中学教职工代表大会规程》《江苏省南通中学校务公开规范》《江苏省南通中学章程》《江苏省南通中学难忘教师评选条例》《江苏省南通中学教职工基本道德行为规范》《江苏省南通中学党委关于进一步加强学校民主管理的若干意见》等文件。当由我起草的会议文件在教代会上被审议通过时，我感受到的是作为一个通中人的责任感和满足感。

谁来管管老太太

管老太太，名叫管洁如，1918 年出生的世纪老人，通中退休校医。老太太终身未嫁，无儿无女，孤身一人。几年前的一天，管老太的邻居、通中退休教师邱训同给我打来电话，说管老太的存折不见了，急着要去银行挂失。我放下电话赶到管老太太家陪老人去银行帮她办了挂失，银行柜员问我是她什么人，我说是单位的同事。一周后我再陪老人去银行取了新卡。

老人年过九旬记性不好，又没人照顾，总是个问题。管老太太问能否让她住学校，住房捐给学校。我告诉她现在学校没有教工宿舍，你的养老只有通过社会养老机构。老太太一生吃斋念佛，她说那我去居士林。为此我专门约办公室老范同我一道去考察了居士林。管老太太乡下的侄女来陪她同住居士林，我想总算安排妥了。但没多久老太太又回到家，原因是她侄女因病回乡下而且不再来了，居士林顾及老太太年岁太大没专人照顾，不同意她住那儿了。我又根据老人意愿联系了在虹桥新村的百合花养老院，但老人住了一段时间又不肯住那儿了，说老是丢东西。我到老人在新桥新村的家中安慰老人，又同经常照料她的老邻居商量找一家好一点的养老机构，后来老人住进了阳光公寓。一天，从太原来南通看望老人的两位远房亲戚到阳光公寓，我也赶过去，介绍一段时间来老人的情况，他们都感谢学校对退休老人这么关心照顾，我说这是应该的。但老人在阳光公寓并没有住多久，因为她吃素，但伙食不专为她做，住高层，她很孤单，一句话，不适应。老人又回到家中一人独居。

一酷暑日，一个电话打到我家，说管老太太病了。我赶到老太太家，老人病了几天了，没人照顾，吃饭都成了问题。所幸她的好友王美霞得知来看望她。我同王美霞商量，老太太没人照顾不行，她答应把老人接到如东她家去，我说这样也行。王美霞说只要老人愿意，她可以服侍管老太太，就这样管老太太去了如东。不料，老人去住了四个月又回来了。原来，王美霞还有自己的老母，而两老人性格不投缘，合不来，管老太太执意不肯再住王美霞家，谁来管管老太太再次成了问题。

为了解决好老人的照料问题，社区领导也非常关心，我作为通中的代表与新桥社区的领导在社区开了一个协调会，把能够找到的老人的亲戚好友都请来，最后老人愿意跟她娘家的一个侄孙过。侄孙刚退休不久，儿子住在城里，他老两口上城里来靠儿子。侄孙夫妇商量后同意照料姑奶奶。经过一年，老人对生活很满意，还给侄孙写了一纸文书，谁来管管老太太终于有了着落。

人生如白驹过隙。回顾自己 42 年来的教育生涯，有两点是我想说的：一是不后悔这辈子进了校门干了教育；二是有幸 18 年前我又回到母校成为通中教工队伍中的一员。人的一生总会伴随着成败得失，但回望过去，如过眼烟云，唯有“诚恒”在心，老老实实做人，认认真真做事方为根本。

怀揣着学生信任和师生情感前行

张宝梅

张宝梅，中学高级教师，市直学科带头人。先后荣获省新长征突击手、市文明教工荣誉。她教学有方，曾获首届地理优课评比大市一等奖；她爱岗敬业，担任地理教研室主任多年，先后参与或主持多个省市级课题研究；她为人热情，指导多名青年教师在省、市教学比武中获一、二等奖；她教学严谨，所教班级曾取得学测考试全A的好成绩；她师爱为本，帮扶贫困的学生，指导困难的学生，疏导压力大的学生，学生们都亲切地称她“宝梅姐姐”。

“好胜者”的坚实起步

这张照片，是我与我的学生们二十后相聚的留影，学生们皆为人父母，我也不再年轻。那是2006年的事，照片上的我已经工作二十年了，身边的这些陪伴我走过艰难的教师工作起步的孩子们已经拥有了各自的事业，其中有几位也已经是中学教育的佼佼者了。然而，当大家在这样的场合下相聚的时候，他们的语言又透出当年的调皮童真：“张老师，您后来知道当年是谁拔了你自行车的气门芯了吧？”“还有，您知道当年是谁在你自行车的坐垫上涂胶水了吗？”……“哈哈，我不知道啊，你们能告诉我吗？”接下来的学生们七嘴八舌，虽然没让我明白是谁，却让我又看到了他们童年的天真与快乐，也让我被满满的幸福所包围，同时把我的回忆带到了那个阶段：

当初，我还是一个二十岁刚出头一点的黄毛丫头，来到省重点中学——南通市一中，教初中地理，还担任班主任。我非常感谢当年的学校领导对我的信任，学校不仅让我上地理课，还把一个班级交给我——担任班主任工作，我很开心，也很兴奋——我有了满满的工作，也有了更多的锻炼机会。我从小就接受了妈妈的熏陶，她常教导人要勤快，“牛拴在柱子上一样老”。我下决心，像牛那样，不辞辛劳，不负重托，一定要把班级带好！

我每天早早地到校，事事细心而为。渐渐地我就和学生们融为了一体，学生们也把我当成他们的大姐姐了。然而，在一次课外体育活动课上，可能由于学生们活动得过于兴奋，把足球踢到不该踢到的场地上，于是受到了体育老师的处罚——球被收走了。几个学生跑来找我，希望我去跟体育老师求情。当时我觉得这不是什么难事，不就是向那位老师说明一下情况、赔个不是就可以解决的事吗？我带着学生找到那位老师。可是事情远不是我想象的那样简单：体育老师先是一通严肃的批评，然后强调必须深刻认识，写出书面检讨并要求有我的签字说明才可以拿回足球，也才能继续以后的体育活动。当时我就傻了：不就那么点事吗，我已经带学生来向你承认错误了，更何况我也已经向你保证回到班级我一定认真教育，为什么要这样呢？当天回到家里我哭了。妈妈的及时提醒让我学会坚强地面对现实："新来的鸡，要被啄三啄"，个人的成长就是一段不断面对困难接受挑战的过程，只有你坚强地并且坦然地面对一切，才会得到别人的尊重，自己也才会得到提升，自己好强首先一定是心理要强大……妈妈虽然没有接受过正规的学校教育，但她的理念让我受益匪浅！这以后，这种精神信念陪伴我艰难的前行，使我越挫越勇、越挫越强，引领我逐渐走向成熟。

内心的坚强，滋长了我的好胜心。工作后，学校第一次举行年级广播操比赛，为我提供了很好的展示机会。我从小就爱唱歌跳舞，运动协调能力较好，对于广播操这样简单的动作，稍加练习，很快就可以当学生们的指导者。于是我就充分利用他们的活动课时间，组织训练，给学生们一遍遍、一个个纠正动作，要求每个人动作到位，全班整齐一致。果然，在比赛中我们班拔得头筹。第一次获得成功让我信心倍增，接下来在第二学期的歌咏比赛中我的胆子就更大了。为了选拔参加全校比赛的班级，初一年级先进行了选拔预赛。也许因为我是年级最年轻的班主任，组织者要利用这个活动来磨砺我，或者是因为我们班级在预赛中表现不够优秀，可我对我班的表现感觉良好，活动的组织者却把我们班级排除在外。不服输的我当时也不知道哪来的胆量，直接找到活动负责人，在追问原因的同时，坚决要求参加学校的比赛，并夸下海口——比赛中一定会取得好成绩。在我一再的坚持下最终给了我们机会。这下我又带领全班同学精心准备，全力迎接考验。功夫不负有心人，比赛结果，我班获得全校第二名（初中班级中名列第一），在我的好胜心得到满足的同时也让全班同学知道：坚持和不懈努力很重要，团结和齐心协力很重要。

上文提到的"气门芯门""胶水门"事件，是由于我急于求成，对学生采取了有些过分的处罚方式。一次与任课老师的交流班级情况时，有两位老师说到我班有些学生上课不认真，甚至课堂上有直接影响课堂纪律的事情发生。这一下子感觉到了问题的严重性，但却没有认真思考采取怎样有效的办法来解决，而是直接到班级让当事人自己承认，可没人承认。我又让学生相互检举，依然没人站出来，情急之下，我没有冷静思考就把全班同学都留了下来，没有及时放学，让大部分同学在教室里反思，把几个重点怀疑的对象带到办公室谈话……一直拖到天黑了一阵才放学。自然就引发了“气门芯”和“胶水”事件。

还有一次，两位同学在教室里产生了矛盾，发生了口角，为了帮助他们解决矛盾，我想让他们到教室外面好好谈谈，不料其中有一位同学坚决不肯出教室，眼看就要上课了，他还坚持，于是我仗着手上还有点力气（大学时学校篮球队成员）我一下子就把他拉出了教室……这两件事以及同学小小的恶作剧，促进我反思自己的教育行为，我认识到：处理任何事情首先是要冷静思考，运用合理的方法，采取有效的措施，才能取得理想的结果。在自我反思的基础上，我面对全体同学进行了认真的剖析，这不仅教育了学生，也教育了自己，使师生在相互理解的基础，拧成一股绳，朝着共同目标一起前进。

这次，毕业二十年的聚会，回首往事，即是让幸福的回忆，同时，也让我有了一次向他们表白的机会：是他们让我成长，在这过程中我学会了怎样面对困难不退缩，怎样合情合理处理学生问题，怎样不断坚持迎接曙光；同时也让我与每位同学拥抱，有了向曾经被我无意伤害的同学道歉的机会，记得当我向当年被我拉出教室的同学说“对不起”时，这位长大了的他给了我深深的安慰：“是我当年不懂事，给老师添麻烦了”。这时的我眼睛里已充满了泪水。

爱心人的甜蜜回忆

又是一个新春佳节，又是孩子们甜蜜的问候：“每年大年初一上午童孩们集合，已是第十三个年头了，随着大家成家立业，聚首的人越来越少，但牵挂不变，恭喜张老师荣获‘大奖’，您值得拥有！ ps. 十班第一胎的晚辈也来给奶奶拜年了，还有孕妈咪的远洋电话，好幸福……”（2004 届初中毕业生蒋媛）。是啊，自从成为他们的班主任之后，每一个新年，我都享有着这样的幸福和甜蜜。

这批孩子是我来到南通中学执教的首届学生。之前，由于种种原因离开教育岗位有七年之久，所以在重新起步时，还固守了以前的思维定势，不可避免地碰到了一些新问题：通中的孩子们的思想更活跃了，也更开放了，有些事情常常会想在教师的前面，这就要求当教师的要多学习，要及时了解情况，对班级工作要提前做好预案，以避免被动；孩子们的自主能力更强了，对班级管理他们也有自己的想法，有时也会造成我的想法和他们的做法产生分歧等。吸收以前工作中的教训，我及时调整了自己的工作状态，经常利用课间与他们进行贴心的交流，努力根据每个孩子的不同情况，从不同的方面，运用不同的方法帮助他们解决实际问题。通过经常性的交流，我与他们逐渐成了无话不谈的朋友。就在和他们相识后的第一个新春佳节的除夕夜，我不断接到了孩子们发来拜年的消息，那时，我是何等地开心……让我更感动的是这种幸福一直延续到现在。那一年大年初一，我们相互之间除了亲切的问候，借着浓浓的喜庆氛围，大家对班级管理中出现的问题，也进行了多方面的交流，在这个过程中我们达成了共识：充分发挥班级干部的带头作用，加强管理；积极调动全体同学的参与意识，全员行动；虚心听取老师的合理化建议，及时沟通；主动接受学校的相关检查，加强监督。在这样的场合、这样氛围、这样的交流和沟通，也更增进我们之间的师生情谊。

升入高中以后，他们分别到了不同的学校，进了不同的班级。由于空间距离拉大和课程学习紧张，我们之间的交流少了，但是当他们遇到困惑时，还是愿意找我交流。记得有两位同学个性有点相似，高中进了同一个班级。刚进高一他们就出现了这样的状况：由于高中与初中教学方法的差异，使他们在学习中遇到了一些问题，于是他们就把问题的根源归结到老师的教学方法上，觉得是老师的方法有问题，才导致了他们的困惑。由此，他俩与任课老师乃至与班主任都产生了较大的矛盾，其中有一位同学甚至想到要休学。当这位同学的家长在纠结中找到我，征询我的意见时，我就很快介入其中，首先将我的想法与家长交流，得到他们的认可以后，再找机会与孩子直接交流。当时正值又一个新春佳节来临，我借助春节的欢乐气氛，进行师生间和谐的交流，使这位同学渐渐消除了心理困惑，积极调整了自己的心态，改进了学习方法，主动适应高中学习新环境，朝着心中的目标杨帆起航。

如今，这批孩子都已经完成学业，走上了各自岗位，大展宏图。我对他们依然充满期待：期待他们发来婚庆的喜帖，让我分享他们成家的喜悦；期待他们的孩子出生，让我又看到新的曙光。是啊，教师就是这样：看着一批批孩子成长，期盼他们一路前进，迎接新希望！

完美心的感恩回报

2014 年 12 月 30 日晚，下班回家的路上，手机响了，我拿出来一看，来电显示“邢硕伟”。

“喂，你好！邢老师。”

“您好！我是高三(九)班孙越。”

原来邢老师班的学生用她的手机给我来电。

“你好!”

“我班同学知道您今年获得了学校的‘难忘教师’荣誉,大家要我作代表向您表示祝贺!”

“谢谢同学们!”

“张老师,我们同学还想在明天的颁奖典礼上给您打祝贺的横幅,再次为您喝彩。”

“首先谢谢全体同学!横幅就不要了吧,还是低调点好”

“这是我们同学的心意,就请张老师接受吧!”

……

挂了电话,我的感激之情无法形容。小高考结束后,我已经有大半年没给他们上课了。孩子们依然还记着我,还想着要感恩!

自从他们进入我校高一开始,我就担任了他们的地理老师。多年的教学工作形成我自己的教学理念:认真对待每一节课,认真对待每一个教学环节,认真对待每一位学生——让所有学生信任你;同时也形成了自己的教学方法:引导学生积极思考,寻找科学的内在逻辑关系,在理解的基础上掌握相关的地理知识。因此,在高一年级起始阶段,我就注意引导他们运用地理思维,在掌握地理知识和相关技能的同时,逐步培养他们运用地理知识的能力,通过地理科学的学习与他们共同探讨宇宙观—世界观—人生观,使他们真正掌握对生活有用的地理,使他们既学到了地理科学,又提升了人生的感悟,懂得了做人的道理。为此,得到了他们的信任和信赖。

小高考冲刺阶段,我以更为负责任的态度和多年积累的教学体会指导他们复习迎考,同时鼓励他们提出问题、反馈信息,帮助我及时调整复习进度,努力提升复习效果。最终,大家都取得了满意的成绩:得A率百分之百。学生感谢我,我更要感谢全体同学——这是大家共同努力的结果,是相互信任的结果!

多年的教师工作迎来送往,看着一批批孩子来到我的面前,就如同自己的弟妹、自己的子女,我总是担心有没有让他们都学懂,是不是有的学生还有疑问……这种潜在的危机感,时时提醒着自己要追求完美,不能让一个孩子掉队,不能有知识点的漏洞;同时我又担心求好心切,偶尔的严厉会不会伤害了一些孩子。我会经常在不经意间和他们交谈,掌握他们对我课堂教学的反馈信息。在这样的过程中,师生之间的距离越来越小,感情越来越深,课堂教学效果也就越来越好。正因为如此，我在学生中便享有了“宝梅姐姐”、“宝梅妈妈”的称呼，在我看来，这就是对我最好的评价！

我一直坚守自己的信念：师生的感情是教学成功的前提——学生喜欢你才会喜欢你上的课；学生的主动学习是教学成功的基础——主动才会有高效；学生对教师的信任是教学成功的动力——只有学生充分的信任，才能真正实现教学相长。总之，学生的口碑就是我心中的奖杯！

师爱，润物细无声

张锦华

张锦华，中学高级教师，1983 年毕业于扬州师范学院外语系英语专业，同年分配到南通市第三中学任教，担任过学科组长。1993 年调入南通中学，先后任年级主任、学科主任。教育生涯中，担任班主任近 30 年，工作务实，做事踏实，待人诚恳，对学生有爱心、耐心、宽容心和责任心。教育中，注意尊重学生个性，培养学生良好的学习习惯和行为习惯，追求让学生学会做人、学会求知、学会生存、学会创新、学会健体的育人境界。

大学毕业后的第二年，我就走上了班主任的岗位，这一做就是29年。这些年来感动是我前行的动力，爱是我坚持的源泉。每每回想这么多年的班主任经历，一切就像发生在昨天，性格各异的学生们又一个个出现在自己的脑海里，其间我有因为孩子们的调皮捣蛋沮丧过、徘徊过，而更多的则是因为孩子们的天真可爱、纯洁无瑕让我感动，让我释怀，让我坚持，让我不愿离开。高尔基说过："谁不爱孩子，孩子就不爱他，只有爱孩子的人，才能教育孩子"。29年来我以满腔热情和爱，无微不至地关爱着我的学生，感染着我的学生，同学们亲切地叫我"华仔"，正是这份真诚无私的爱，我和我的学生们共同快乐成长，这也使我的教师生涯充满阳光和乐趣。再多的辛苦与劳累，都会在学生们纯真的笑容之下烟消云散，无影无踪！

每当回想起这些年的班主任经历，给我留下印象最深的、每每想起都会触动我内心的，往往不是那些学习优秀、家庭条件优越、或是时刻被爱包围的孩子，相反，却是那些在我们看来是问题多、常让我牵肠挂肚的、或者是那些由于各种原因缺少温暖渴望爱的孩子们。今天我要和大家讲述的几个故事，它们可能在时间上离现在远了些，但我还是愿意和大家一起分享。

王俊同学是我在市三中担任班主任时遇到的一个非常非常调皮的学生，在体臣卫校当老师的妈妈40岁才生下了他，他自然就成了家中的宝贝，娇惯溺爱使他养成了任性调皮的恶习，在他心里他是家里的王，不听家长的话是常事。来到我班上之后，缺课是家常便饭，上文化课时到操场踢球，甚至发展到有去三中附近的水塘摸鱼虾，衣服被同学藏起来，而上不了岸的笑话。即使来上课也是人在教室心在外,成绩急剧下降,各科老师的反响都集中到了他一个人身上。批评他,不奏效;停他课写检查,他应付了事;一到课间休息,他就像什么也没有发生过似的,对同学和老师笑脸相迎,包括对批评过他的老师,感觉真像遇到了一个小无赖,他的家长也为他的行为焦急万分但又无可奈何。作为班主任,我没有放弃他,也不能放弃他,虽然多次和他谈话教育、或踏破他家门槛,效果都不显著,我仍然满怀信心的继续想办法去改变他。几番思考,我想到了以发现和利用他的长处来作为突破口。他的体育成绩很好,也非常喜欢踢足球,年级足球赛他是班队的主力。对,就从这里下手。高一升高二正好遇上文理分科,我乘此机会让他担任新班级的体育委员,他自己一下子蒙了,但我分明感觉到他的一丝惊喜,我便约他放学之后留下。经过近一小时的坦诚交心,他很受触动,并表示愿意发挥他的体育特长,带动同学积极锻炼身体,更愿意从此改掉自己身上自由散漫的坏毛病,好好学习。不久,我和我的任课老师们都惊讶地发现他像变了个人似的,他的妈妈更是高兴地来学校找我表示感谢。毕业后他先在一家企业打工,后来创办了自己的物流公司,已经拥有上亿资产。通过王俊这个孩子,我发现只要用对方法,没有教育不好的学生。

严格管理学生是每位班主任必须重视的问题。只有从严要求、从严管理,才会形成好的班风,但需注意严而不凶,爱而不溺,严爱相济,在爱中求严,在严中见爱。尤其是批评的语言要有一定的艺术性,注意时间、场合,教师应放下架子,以平等的身份,关心的语气去帮助教育学生。记得刚调到通中担任文科班主任的那年,课上,我班一个叫吴彦的女同学上课无精打采,趴在桌上直一直胡乱的图画着什么。后来通过了解才知道她原来她喜欢上了一位叫杨天力的男同学,而且两人在我接班之前已经交往了一段时间了,而导致她这段时间情绪低落的原因是他最近时常帮助班级其他女同学解决数学作业方面的困难,她心生醋意,正陷于无法自拔的情感泥潭中。

有一次两人都没有去上体育课,而是躲在诚恒楼车库的角落里拥抱在一起。被我撞见后,女同学吓坏了,跑到教室趴在课桌上哭了起来。事后,我没有声张,也没有立刻找他们。为了缓解女同学紧张害怕的情绪,避免发生意外,在接下来的英语课上我有意识的叫她站起来回答,并对她的回答给予表扬,以此来减缓她心理的压力。过了几天,那位女同学主动找我说;"老师我想跟你聊聊,行吗?"我说当然可以,其实我知道你想跟我说什么,你跟杨同学的事我也有所了解,男女同学有好感或者是爱慕之心乃人之常情,老师曾经在中学也对女同学有过朦朦胧胧的感觉过,所以我能理解你们之间的这份情意。但理解并不等于说你们做的对。第一学校有纪律作为学生都必须遵守纪律,第二你们两学习基础都不错,在这件事情上处理不好，肯定会影响你们的学习，乃至影响到你们今后的人生。第三你们俩的行为绝不仅仅是你们两个人之间的事，你还要考虑你们的行为对班级以及学校其他同学影响。如果说你们真的有那份真情，那不妨现在暂时放一放，把这份感情先冷藏起来，把全部精力投入到学习当中去，两人比一比看谁能考上更好的大学，等考上理想的大学后在发展自己的感情那不是更好？这次谈话以后，两个人发生了根本的变化，全身心地投入到学习中去，最后两人双双考取了北京外国语大学，并在大学毕业后有情人终成眷属。

张小绮，本是个学习成绩好，阳光开朗的女孩。她本有一个幸福的家庭，过着衣食无忧幸福快乐的日子。可变故的发生就在那顷刻之间，没有预兆更没有任何心理准备。就在她信心满满地为进入高三年级做准备的时候，他的爸爸，家里的顶梁柱，被诊断为癌症晚期，不久便离开了她们。和她相依为命的妈妈因承受不了丧夫之痛，患上了重度抑郁症，二个月后一个冬天的夜晚，在外面补习班放学回家的张小绮发现平时在家等候她的妈妈手机和钥匙都丢在了家里，人却不见了，她感到这是不祥之兆，她哭着给我打电话，说妈妈不见了。当时已经是晚上 10:00 多钟了，我立刻联系了班级的几名同学，首先帮她报警，然后和同学们陪着她一起找妈妈，我们沿着沿着濠河边一直找到接近凌晨，还是没有她妈妈的任何踪迹，第二天我们几个同学继续寻找还是无果，直到第三天，警方在濠河里发现了她妈妈的遗体。妈妈自杀身亡了，留下了无依无靠的她。面对这样的情况，我感到我有责任和义务立刻承担起对她的心理疏导和她生活的后续关怀，要让她尽快地从悲痛中走出来，因为她的人生之路还没有完全开启。在她失去妈妈的那天，我第带着 2000 元钱赶到了她的身边。见到我，她就像见到了亲人扑到我怀里撕心裂肺地号啕大哭，此时的我能做的就是让她哭出来，让她的伤痛的心得以释放。之后，我立刻联系了她最好的朋友，同班同学孙亚丽。孙亚丽与她的妈妈一起来把张小绮接回家暂住几天。那天我回到家已是凌晨，但想到这可怜的孩子得到了妥善安排，身体的疲惫荡然无存。接下来的时间，她的情绪是波浪形的。我除了每天关注她的情绪并做好安抚之外，我每周都要到她家里去看望她，鼓励她，帮她消除心理阴影，同时，通过学校向社会征集捐助者帮她度过人生最困难的时期。在大家的协力帮助下，她终于从失去两位至爱亲人的阴影里走了出来，在小高考中，她考出了 4A 的好成绩（年级文科班 150 人，一共 14 人获得 4A），高考以高分考取了西安交通大学。她拿到录取通知书的那天第一个告诉了我，和我分享她的喜悦。张小绮上大学后，我仍然惦记着的她在大学的生活。把她的家庭情况写成书面材料，在得到学校领导的同意后，盖上学校的印章，以学校公函的形式寄给了西安交通大学，希望西安交大给予张小绮更多的关心和照顾。西安交通大学领导收到信件非常重视，专门召开办公会，决定全部免除了她在大学期间的学费，并给提供她在岳麓书院勤工俭学的机会。西安交通大学党委书记张迈增亲自给姚校长回信，把这一决定告知学校。看到张小绮的一切都安排妥当，我才安心下来。

马晓晓是位因心理疾病休学一年后来到我班上的女同学。她其实学习基础很不错，也非常认真，效率也很高，但由于要好心切，每当考试成绩达不到她的预期时就会特别的沮丧和焦虑，发展到后来害怕考试，每当要考试时她总会请假在家，甚至发展到后来不愿意来上学，这使她的家长感到非常焦急，于是他们带她去看心理医生，也吃了不少药，可用了药以后结果比以前更糟糕。孩子变得目光呆滞，沉默寡言，时而焦躁不安，除了和她的心理医生交流外，不愿意和包括家人在内的任何人交流，或是和父母大吵大闹。老师找她谈心她低着头一言不发。进入高二快要文理分班的时候，她产生了放弃学业的念头。一天早上，我发现她又没有到校，我立刻和家长联系，令我惊讶的是家长告知她早早就背着书包离开家了。原来家长逼她上学，她就假装上学，而实际是在外面游荡。我和家长完全陷入困境。我一次次的家访，一次次的谈心，她始终低着头，一言不发，甚至看也不看我一眼。在临近学期结束的时候，有一天，我去她家和她交谈。

我问："马晓晓，你是不是不想上学了？"

她摇摇头，但仍然不看我。

"那分班你想选什么科？"

……

"是选文科还是理科？"

……

我考虑到她理科成绩相对弱些，于是便问：

"你是不是想选文科？"

她点了点头。

"那你还希望在张老师班吗？让老师继续跟着你们吗？"

说到这里，她终于抬起了头，脸上露出了笑容，点了点头。

我说："那好，我去找学校领导，尽量争取带文科班。但你明天必须来上学，你缺的课太多了。"

她点头答应了。

第二天她早早地就来到了学校。

人虽然是来了，但是因为考试成绩达不到预期而导致焦虑的问题得不到解决，她肯定会出现反复的。于是我决定先从她父母入手，进一步详细了解在家里他们是怎样教育和引导孩子的，通过了解发现，妈妈的教育方式方法有问题，要消除孩子的焦虑首先要从纠正她父母的教育方法入手。

在整个高二阶段我通过家访，电话等方式其家长保持密切的联系，随时了解孩子在家的情绪波动情况，讨论采用何种方式在家中与他们的女儿对话交流，以取得家校教育的共同合力，达到使其转变的最佳效果。在和家长达成共识之后，我便开始留意马同学的变化情况，当她情绪比较稳定的时候我就给予她更多的表扬与鼓励，帮助她重拾自信，正确对待考试的得失；当她情绪发生波动时，主动问候她哪里不适，需不需要任何可能的帮助，让她感受到老师的关爱无时无刻不在，并在周末经常去她家里探望，了解她在各科学习上有没有困难；每次月考前夕我都会事先和她单独接触，鼓励她勇敢参考，不怕失败。渐渐地她不逃避考试了，她脸上的笑容多了起来，寒暑假前，我都为她精心挑选几本有针对性的书籍推荐她抽时间阅读，增强她克服心理障碍的信念，为她顺利进入高三打基础。值得庆幸的是，经过家长和我的配合教育，经过两年的调节，马同学在高三阶段已经基本克服了考试焦虑症，能正确平静地对待每次考试，在江苏省学业水平测试中她获得4A的好成绩，其他各科成绩稳中有升，她的状态也是前所未有的好。

事实证明，老师给学生多些爱与宽容，热爱关心每一位学生，才能建立良好的师生关系，而这种关系需要用心灵触动心灵，用情感感受情感。我们多给学生一个笑脸，多一份爱心，让他们在呵护和关爱中成长。师爱，是一种无私的爱，是一种发自内心的爱。润物细无声，随风潜入夜，只要我们坚持，我们爱的付出是值得的，我们的爱终究会得到回报的。在2014年高二学业水平测试中，我班26人获得4A的优秀成绩，是全年级获得4A最多的班级。每到教师节、新年，同学们会赠我一段录音的祝福话语或一张亲手制作的贺卡，这都会让我感动流泪。2014届的陈雯章同学在即将去美国学习前到学校来看望我时，当着全班同学的面，紧紧地抱着我对我说：老师我好想你……

这些年的班主任工作给我的感受是：教育的最高境界是一种不留痕迹的爱，是一种无私无畏的爱。我始终希望自己能达到这个境界。我也始终坚信，只要我们每个人用心去做教育，用爱心、恒心、关心去爱护班上的每一位学生，尊重他们，理解他们，和他们一起成长，就一定能够托起明天的希望。

一路跋涉一路歌

秦树芝

秦树芝，中学高级教师，南通中学特级班主任，南通市优秀班主任。多次获得南通市文明教工、优秀共产党员等荣誉称号。

曾经被组织选派到广东东方明珠学校支教3年，任语文教研组组长、高中班主任，高考成绩位居广东省前列，获得表彰，使南通教育品牌在南粤大地叫响。

他教学水平高，所教班级高考语文的优秀率和平均分均名列前茅，近年来，有多名学生获得南通市高考第一名。长期担任班主任工作，班级管理富有创意，所带班级班风好、学风浓，多次被评为学校文明班级、南通市优秀团支部，本科上线率多次达到百分之百。

他重视教育教学研究，发表论文数十篇，多篇论文在省级以上获奖，编撰教学资料10余集。

挑战极限的知青生涯

1976年6月，我高中毕业，那时我16岁。在那个“知识青年上山下乡”的狂热年代，无缘高考的我在结束10年的学校教育后，只能到农村这个广阔天地里接受贫下中农的再教育。农村生活的三年，所有的农活我都干过，插秧、收割、脱粒、施肥、犁地，我还挖过河、背过纤、拉过车、挑过砖……

那时农村作物的肥料是化工厂生产的氨水，需要用水泥船从40里外的南通合成氨厂运回，船是向别的生产队租借的，为了节省租金，我常常来不及吃饭，晚上一放工就背起纤绳开始了一整夜漫长的跋涉。

炎炎夏日，烈日炙烤大地，滚烫的地面烫得脚底热辣辣的疼；寒冬腊月，冰雪覆盖河面，冰冷的竹篙刺得手心冷飕飕的麻。有时脚底被瓶罐割破，鲜血直流，撒下一把泥土继续前行；有时被虫蛇叮咬，撕块布条包扎一下继续赶路。我瘦削的肩膀印下了纤绳深深的勒痕，稚嫩的手掌上覆盖了厚厚的老茧。

记得1976年冬日的一天，凛冽的寒风在耳边肆虐地咆哮，夹杂着鹅毛雪花直往我破旧的衣裤里灌，我手握结冰的竹篙，撑着满载化肥的水泥船，在冰河里艰难挪移着。我又冷又饿，脚下一滑，一头栽进了寒冷刺骨的河水中，当我被同伴拉上船的时候，衣裤已经被冰水浸透，全身僵硬得几乎失去了知觉。此时天色渐暗，距离生产队还有大约三个小时的路程，如果不能在晚上八点前赶到便要多付一天租船费用。当时脑海里只有一个信念：无论如何也要按时到达，不能让生产队蒙受损失。于是我忍着寒冷，迎着肆虐的寒风继续前行，终于按时到达了生产队。

农村三年的生活中，难忘的事情特别多，深深刻入我脑海的是毕业第二年拉板车运草套的事情。那时，生产队为南通农药厂加工包裹农药瓶子的草套（农闲时妇女用稻草编成的），必须从40里外的兴东运到南通姚港路上的农药厂。年方十七、体重不足100斤的我，拉着载有重量1000多斤草套的板车，途径凹凸不平，铺着碎石的路面，到了南通东大街，已甚感吃力。出了东大街，望着高陡的友谊桥，我深吸一口气，屏住呼吸，咬紧牙关，涨红了脸，蹬着发抖的双腿，抑制着剧烈的心跳，一步一挪、一挪一抖地挪上了桥顶。望着桥下密集的人群，拉着没有制动的板车，只能用我体重不足车重十分之一的瘦弱身躯作为制动，控制着载重1000多斤惯性十足的板车，艰难地撑到了桥下。这时我大汗淋漓，眼前一黑，终因体力不支瘫倒在地。好心的路人扶起了我，给我喝下一杯水。一会儿，我又硬撑着站了起来，继续赶路，硬是凭着意志把草套运到了农药厂。

艰苦的劳作磨炼了我的意志，坚强的意志造就了我顽强的品格。一分耕耘，一分收获。下乡的第二年我就担任大队团支部书记和通讯报道员，并参加了南通县三级干部大会，1979 年我被选拔到南通县兴东供销社工作。

曲折难忘的高考经历

1978 年 7 月，我参加了平生第一次高考。考场设在南通县兴东小学，那时的学校十分破旧简陋。学校大门是敞开的，教室门是关不上的，窗户玻璃是破碎的，课桌是瘸腿的，桌面是开裂的；监考室临时安置在潮湿昏暗的教工饭堂，试卷就放在餐桌上。监考老师大多是未经任何培训的各村村小的民办或代课老师。当时的数学是两张试卷，两张草稿纸，考完后老师收试卷，草稿纸由考生带回。我顺利地完成了答题，满以为会录取理想的学校。结果我的优势科目数学只得了 35 分，总分以 5 分之差落榜。原来监考老师误将我的一张草稿纸当试卷收走，而落下了一张试卷。为了赶快投入下一门复习的我，则匆匆忙忙地收起余下的纸张塞到口袋，直到第二天洗衣服时方才发现还有一张试卷没交。这次经历深深刺痛了我，我反思了两点：1、我为何没有检查一下试卷，就匆匆忙忙收起稿纸离开呢？我悟到凡事要细心的道理；2、监考老师收卷时为何不认真点，收完后为何不清点一下呢？我将来做了老师的话，一定要细心细心再细心，不能因为我的疏忽而误了学生的前程。

满腹遗憾的我要不要参加下一年的高考呢？此时遇到的难题是，我已有固定工作，为了高考，势必要丢掉来之不易的“铁饭碗”，一旦考不上就还得回去种地。纠结了两天，我决定辞去供销社的工作再次参加高考，实现我接受高等教育的愿望，后来在兴东小学周淑君老师（其丈夫是兴仁区政府秘书）的帮助下，我来到兴仁中学插班上课。

学习中面对的问题很多，首先是学业上的压力。我是 1972—1976 年读的中学，那时历史、地理课没开，语文是背诵毛主席语录，政治课是批林批孔，英语只学 26 个字母（当年的口号是“不学 ABC，照样干革命”），最难的是数学，高考新增了解析几何、三角函数等未接触的内容。一年内完成这么多任务，难度是可想而知的。既然选择了就没有退路，天性好强的我利用一切时间来学习。其次是营养不良。寄宿生的伙食是每天 1 毛的标准：早晚只有稀饭一碗；中午是米饭一份，菜汤一碗。12 月开始，我发烧咳嗽两个月有余，但坚持学习，没看过一次医生，没请过一天假。天道酬勤，模拟考试我已名列班级前茅。

本以为可以大显身手时，天有不测风云。高考的前一天（7 月 6 日），因为食物中毒，晚上 9 点开始腹泻，通宵折腾 20 余次，一夜没能合眼。为了防泻，第二天啥也没敢吃，就空腹参加考试，到了下午虚脱头晕，但仍坚持考完，晚上才请学校旁边的赤脚医生用土方子止住了我的腹泻。就这样我凭着顽强的意志考完了人生的第二次也是最重要的一次高考，最终我以超出录取线 50 分的成绩位列江苏省考生前 400 名。

就在我本以为可以录取心仪的高校——南京大学时，造化又一次捉弄了我。高考体检，发现我肺部阴影，疑似结核，大学拒录。

8 月 28 日，也就在我理想破灭之时，终于接到了扬州师院录取通知书（扬州师院当年因未能完成招生计划，才破格录取了我）。

回首我的高考经历，可谓一波三折，步步惊心。倘若没有明确的目标，顽强的毅力，不屈的精神，我就不可能步入高等学校。“天将降大任于斯人也，必先苦其心志，劳其筋骨，饿其体肤”，此言得之。

踏实勤奋的教学教研

要给学生半杯水，老师需要一缸水。抱着这样的认识，一踏上工作岗位，我就开始了踏实勤奋的知识积累工作。

当年，我待得最久的地方是学校图书馆和家里不足 5 平方米的书房。一下课

就钻图书馆，一放假就待小书房。我可以一天不吃饭，一周不下楼，但不能一日不看书。那时读得最多的是各种教育教学论著。孔子、韩愈、朱熹等古代先贤的教育思想，蔡元培、叶圣陶、陶行知等近代大师的教育观点，于漪、钱梦龙、魏书生等当代教育家的教育理论，国外赫尔巴特、杜威、苏霍姆林斯基的教育名著，“行为主义”、“认知主义”、“建构主义”等教育流派，都进入了我的阅读视野。随着阅读的深入，我逐步摸索到了学习的窍门，先是在对比中阅读，比如我在阅读于漪的“情感教学”时，会同时阅读钱梦龙的“导读教学”、魏书生的“民主教学”；在学习布鲁纳的“发现学习”时，我会对比布卢姆的“掌握学习”、奥苏贝尔“有意义接受学习”理论。尔后，我就专门找一些观点相左的文章分析，比如王策三、查有梁与钟启泉关于新课改的论战，洛克、赫尔巴特、斯宾塞关于形式教育和实质教育的争论。为了进一步提升自己，我还参加了南通市教委举办的首届苏州大学研究生课程班（1995.7—1997.8）的学习。大量的阅读充实了我的知识储备，对比分析为我的“教研”找到了正确方法。

魏书生在《漫谈边教学边研究》一文说：“人们从事某项劳动，大致有两种方式，一种是重复式，一种是科研式”、“仔细想来，我提高教学效率主要靠边教学、边研究，从科研的角度来认识教学”。多年来，我没有放弃过对“提高课堂教学效率”的研究，在辛勤的工作中追求着自己的梦想，在勤奋地学习中改革着自己的课堂。面对中学语文教学界各种理论和教学法你方唱罢我登场的热闹景象，我冷静思考，反复实践，坚定了我使用“三主三式”语文导读法，即以“学生为主体，教师为主导，训练为主线”作为理论基础，以“自读式”、“教读式”、“复读式”为课堂教学基本模式。它大大提高了我的教学实效，我任教班级学生的语文高考平均分、高分率多次名列学校大市乃至全省前列，连续两届培养出了南通市高考状元（2005 届蔡伟，省第 4 名，2008 届黄奕磊省第 3 名）。

教学之余，我笔耕不辍。从 1990 年首次单独发表教学论文《“欲中守法”解》（发表于《语文教学之友》1990 年 12 期）起，我先后在省级以上书刊上发表教学论文数十篇；从 1992 年开始编撰第一本教学资料《全国中考优秀作文评析与指导》（广西教育出版社，1992 年版）起，先后撰写出版了十多本书。有数十篇学生作品在各类书报杂志发表，我多次获得“全国作文优秀指导教师”称号。

反观我的教师生涯，对我挚爱的教学工作，我如痴如醉不知辛劳地全心投入，对我钟爱的教育研究，我一以贯之无怨无悔地执著追求！

细致深入的班级管理

时常听到老师们这样的议论：“秦老师又不太管，他班的孩子就是乖。我是时时盯，天天骂，孩子就是不听话。真不知道怎么回事？”其实不然！老师不管孩子们怎么能好呢？我是管的，只是不是管其表，而是管其心。我充分利用好每周一次的班会课，对他们反复进行耐心细致的思想教育，把道理灌输其脑，植根其心。使孩子们真正从心理上接受老师的教导，形成“我要这么做，我应该这么做，而不是为了老师才这么做”的意识。

为此，我重点抓了三件事。

第一件事：习惯的培养。

良好的习惯是孩子成功的关键。

我们知道，习惯的好坏影响了孩子的发展；班风的好坏决定了升学率的高低。为了形成好的班风，培养孩子好的学习习惯，我认为应从常规抓起。有人认为常规是雕虫小技，又不能提高学习成绩，学习好才是真功夫。其实不然。没有好的班风，没有好的习惯，要学习好何从谈起？

我以为，抓常规就是培养好习惯，抓常规就是培养责任心。试想，一个排自行车马马虎虎的学生在学习上能认认真真吗？他一定是个学习上马马虎虎、作业草草了事的人；一个今天忘了扫地、明天忘了擦窗的同学，能是一个不折不扣完成老师布置作业的人吗？学习上他常常会丢三落四。

基于这样的认识，我要求同学们各负其责。做到人人有事做，事事有人做；人人做好事，事事都做好。所以我所带的班级不仅常规评比名列第一，而且老师们普遍认为学生乖，班级纪律好，学习自觉性强。

第二件事：自信心的培养。

鼓励性教育是孩子成功的动力。

进入通中的孩子都是初中阶段的佼佼者，有的是班级甚至年级的前三名，是老师的宠儿。到了通中这一优秀群体，有的学生常常考倒数 10 名，成了高中阶段的失败者，产生了巨大的心理落差；有的一蹶不振，失掉自信；有的自暴自弃，破罐子破摔。如何使他们树立自信心呢?

首先，我给孩子们分析情况，讲清道理。群体排名总有次序，一个 50 人的班级，有了第 1 名必有第 50 名。我们应该拓宽视野，把目光放远点放广点。在通中这个优秀生群体中的 50 名，也许是另外一个群体的第 1 名。就说班级的最后一名，也有可能是年级的前 500 名 600 名。关键是自身的努力。

其次，利用实例，强化意识。学生一进班，我就举上一届通过个人努力而录取理想大学的学生的例子。2008 级我班有一个来自天生港学校的王某某，自认为初中时很优秀，常常是年级第一名（其实天生港学校一共就两个班，90 几个同学），高一年级第一学期时的考试常常是倒数 10 名。放学回家他就玩电脑，打游戏。通过和家长沟通，知道是多次考试失利挫伤了他的自信心，他就自暴自弃起来。我经常鼓励他，相信自已的智商是高的，领悟能力是强的，否则考不取通中；反复启发他，只是你未能很快适应高中的学习生活，基础还不及其他同学好，要一下子进入前 10 名是不现实的，只要努力，成绩一定会逐步提升的。后来他正确定位自己，一步一个脚印，一年一个台阶，由高一时的倒数 10 名进步到高二时的中上游，再到高三时的前 10 名，最终以 386 分考取了南京大学。此外，我还如实通报了我班上届同时考取南京大学的 6 个学生的进校分数情况：朱万嘉、李啸是高分生，进校时是班级前 10 名；陈抱一、陈琪是中等生，中考成绩是班级 10 到 20 名；王剑秋、张哲中考分数并不高，位列班级 30 名之后。强调说明只要努力，后进生也能进名校。

如果说讲道理还是苍白无力的话，那么利用活生生的事例来激励孩子就很有说服力了。那些落差大屡考屡败的同学重拾信心，动力大增，形成了好学上进的风气。

再次，要求同学们自定目标，教师分层要求。

文理分科后，我首先要求每个同学自定目标，实事求是地填写能录取的大学。

再对同学分层要求:基础好的同学对自己要求要更高,冲击一流大学;中等同学冲击名校,力保一本;成绩不太理想的同学要冲击一本,确保本二。我们提出的目标是:进了通中的门就是大学的人;进了秦老师班一个不能“删”!通过分层要求,使每个同学都有各自的不同目标,班级就不会出现自己不学也不让其他同学好好学、自己说话也要其他同学跟着说话、自己玩也要其他同学陪他一起玩的现象,就没有传统意义上所说的差生影响好生的情况,最终让班级的每一个同学都进了大学。其中,范某以体育特长生进入我班,中考分只有 600 多一点(当年的通中录取分是 696.5);他的专项是短跑,但在学校运动会 100 米比赛上连名次也得不到,何谈考体育?最后只能考普通理科。但他的文化课基础实在太差,每次考试常常垫底。我就多次找他谈心,进步了就鼓励,退步了就分析,最后高考考了 316 分(本二录取线 312 分)。其他还有宋某某、张某某、陈某等中考低分生,这次都达到了本二线。实现了全班同学百分之百进本科(本一 35 人,本二 14 人)的目标。

第三件事:自觉性的培养。

变“要我学为我要学”是孩子成功的保证。

1. 责任意识的培养。

自觉来自于责任。孩子有了责任心,就能有自觉性。

从大的方面说,我们要为中华之崛起而读书,这是我们应有的志向和责任,从小的方面说我们的同学总该为了家庭的责任、自己的将来而努力吧。我常常跟学生讲,现在我们是父母的孩子,若干年后我们将是孩子的父母。如果现在不好好努力,当你为人父为人母时,你将如何教育你的孩子?如何面对你的孙子?孙子问:爷爷是哪个中学的?你自豪地说:我是南通中学的!孙子露出羡慕的神情;接着儿子补充说:可是你爷爷连大学都没考上!此时你情何以堪?你将如何面对你的子孙?

通过教育,孩子知道了自己肩负的责任,学习是为了自己,不是为家长,更不是为老师。明白此道理,他怎能不自觉?

2. 长大意识的培养。

常言道:独生子女是长不大的孩子。有些学生自以为小,在家娇生惯养,在校骄娇二气。及早培养他们的长大意识、成人意识,对学生自觉性的培养是至关重要的。

我班有个范同学,2014 年高考考了 386 分,被南京大学提前录取。其名字是父母姓名的混合,一看名字就知道他是爸爸妈妈的心头肉、惯宝宝。不但妈妈疼,爸爸也惯:早上爸爸用电瓶车亲自送他到学校,怕车撞到了他;中午妈妈买个毛茸茸的并带有小狗图案的抱枕送给他，怕他午休时课桌弄痛了他；中途爸妈还把泡好的茶水送给他，怕渴坏了他；晚上放学接他时还带来热乎乎的蛋饼给他，怕饿坏了他！哈哈，这就是我们的家长！真是疼爱有加，关怀备至呀！你说这样的孩子能不娇气吗？我问他，你为什么不自己骑车来上学，为什么不自己带水杯来，为什么还要抱个小狗狗午睡？他笑眯眯地说，我还小呢！我说你多大了？还小？他说，我才16呢！哈哈，才十六？十六还小吗？

针对这种情况，我经常利用身边的例子来教育感化他们，使其入脑入心。“文革”时，你们的伯父姑妈初中毕业就上山下乡，插队落户，远离父母，从城市来到农村，肩扛手提，他们才16岁；你们的小学老师，他们每天上很多课，管理班级50多个孩子，带50多个孩子去春游秋游，他们毕业工作时，也只有16岁；还有好多同学的父母由于种种原因，只有初中毕业就进厂做工，下地劳作，他们只有16岁……16岁还小吗？我还举了名人的事例：现任中共中央政治局委员、广东省委书记胡春华，他16岁进北大，独自一人从湖北农村来到都市北京求学，大学毕业20岁就去雪域高原——西藏工作，一干就是14年……16岁还小吗？这些事例，使孩子们意识到，自己已经长大了，不再是小孩子了，应严格要求自己，自觉学习知识，不要别人管着学、推着学，而是自己需要学、必须学！学生的学习自觉性大大增强，不再是老师在学一学、老师走闹一闹了。

功夫不负有心人。近年来我所带班级高考本科上线率多次达百分之百，培养了南通市高考状元2名。2008届全省前100名考生中我班有2名，2011届有近半数学生录取一流大学，光录取南大的就有6名。本人先后获得南通中学难忘教师、特级班主任、德育先进工作者，南通市优秀班主任、文明教工等荣誉称号。

雄关漫道真如铁，而今迈步从头越。已有30年教龄的我，将继续在教学的园地里辛勤耕耘，在教育的道路上奋勇前行。

平凡如沙

朱虹杰

朱虹杰，中学高级教师。从教二十三年来，获得过化学教学比赛市一等奖，完成了七轮循环教学，所教班级在小高考、高考中成绩优良。她有丰富的班主任工作经历，所带班级曾被评为市级优秀集体，多次被评为校文明班级，个人多次被评为校“优秀班主任”。历年来，所带班级有多人考入清华大学、北京大学、复旦大学、上海交通大学等985高校。她不仅关心学生学业上的发展，更关注学生思想进步，历届学生中有多人在高中阶段加入了中国共产党。

时间如流水，不知不觉中我已是一个有着二十多年教龄的老教师，回望走过的一路，我就如茫茫沙滩上的一粒沙，渺小、不起眼，没有轰轰烈烈的“伟业”，也没有值得称道的“功绩”，有的只是教书育人的琐碎和平凡。然而沙虽渺小，就如纪伯伦所说“一粒沙子就是一片沙漠，一片沙漠就是一粒沙子……”纪伯伦说“记忆是相会的一种形式”，让我们撷取过往的某些瞬间、片段再次相会。

一花一世界

班主任工作是绝大多数教师职业生涯中不可或缺的一部分。要让学生在学校更好地成长，班主任首先得了解学生们的个性、喜好，只有采取适合他们个性特点的教育方法，才能使学生的发展最大化。曾经遇到过这么一个学生：

2003 年 8 月，在挥汗如雨的酷暑中，我又迎来了新一届的高一新生，接任高一(6)班的班主任。为了让新的班集体尽快地形成，更为了磨炼同学们的意志，高一年级的新生利用暑期时间开始了为期一周的军训。军训中，同学 A 的一些不同寻常的表现引起了我的关注。训练时，同学 A 总是漫不经心，动作做不到位；而休息时他却神采飞扬，一些不着边际的话让同学笑得前仰后合。当一天的军训结束时，我找来 A 同学，询问他休息时都和同学说些什么，他却摆出一副不屑一顾的样子说：“我没说什么呀！”由于是刚接手的新生，对其性格、爱好不甚了解，因此我也没有再深究，谈话就这样不欢而散。在随后几天的军训中，A 同学依然故我。有时，A 同学的表现实在让人忍无可忍，我当着同学的面严厉地批评了他，而此时的他却是那样桀骜不驯，你说一句，他顶一句，真让我觉得威信扫地。我该怎么办？我决定先静观其变，进行“冷处理”。

日子就这样在不经意间滑过，转眼就开学了。课堂里 A 同学的表现与军训时并无多大差异，而且听课时，听着听着就开始走神了。这样怎么能行呢？我看在眼里，急在心中。怎么办？

开学后不久的一天中午，我到教室看看午间休息的情况，刚走到高一(7)班的教室，就听到我们教室中传来大声的喧哗并夹杂着朗朗的笑声，进去一看，A 同学的脸上还挂着灿烂的笑容。我看了其一眼，然后继续在教室中巡视了一圈，当教室重新恢复安静后，对 A 同学说：“咱们去办公室聊聊，好吗？”“聊就聊。”他脸上的神情仿佛在告诉我，谁怕谁啊！来到办公室后，我拉过一张椅子，请他坐下，然后笑着说：“今天咱们随便聊聊。你初中学习时对什么比较感兴趣？”“这个吗，就多了。”A 同学打开了话匣子，娓娓道来，“我初中参加数学竞赛获过奖，而且我很喜欢看看这方面的书，很有意思的。""不错吗！"我赞赏地说道。话音刚落，A 同学又迫不及待地说道："我暑假里还参加了校外的英语学习，正准备公共英语的考级呢。""原来你不仅能力强，而且精力也充沛。愿意用你的特长为同学服务吗？""怎么服务啊？"A 同学一脸的茫然。我说："你可以利用自己对数学的喜爱，利用课余时间为班级同学出一些思考题，并在适当的时机当当小老师，为同学讲讲这些题的思路。""可以啊。"真是出乎我的预料，这么一个"刺儿头"竟然如此爽快地答应了。

说干就干。第二天中午，当我再次到教室巡视时，教室中没有了昨天的吵闹声。抬眼看去 A 同学正在黑板上抄题目，尽管 A 同学的字写得不算工整，但午间教室中的同学仍认真地抄录着题目，也有少数同学一边抄着，一边小声地讨论着。突然，我发现在题目的最后，很醒目地写着一行字："题目做在新本子上，下周一交。"这是怎么回事？我只想让其出思考题，并在适当的时候，用自习课的时间与同学交流，以达到同学自我教育的目的。难道 A 同学想请老师帮他改作业？带着疑惑，我将 A 同学叫出教室，问道："这两道题目做在作业本上，交上来谁来批改？""那当然是我了。"A 同学的脸上写满着自信。"看得出来你很乐意为同学服务，而且老师相信你也有这个能力。但每个人的时间有限，这样做势必会牵制你正常学习的精力，这不是老师的原意。老师希望在不影响正常学习的情况下，通过这个小活动既发挥了你的特长，又锻炼了你的能力，还带动同学一起学习。""那……"A 同学有一些不知所措地挠着头。"你可以让中午在学校吃饭，并且同样对数学有着浓厚兴趣的同学和你一起完成这个任务，如 B 同学、C 同学等。"我诚恳地说。"噢！"A 同学若有所思地点点头。

时间在忙忙碌碌中飞快地流逝，新的一周又开始了。每周周一要交的作业比平时要多一些，只见刚到的同学正井然有序地将各科作业交至讲台上的指定位置。我巡视走到教室后排，突然，听到讲台前传来一些吵闹声。走上前一问，原来 A 同学布置的思考题，同学不知是否真的要交。我笑着说："A 同学是真心诚意地为大家服务的，我们相信他的能力，对吗？思考题的作业本就交这儿吧。"教室中又恢复了安静。

A 同学将会怎样批改同学的作业呢？带着几许疑惑，一些牵挂。这天中午，我早早地就来到教室，只见 A 周围坐着一些同学，有我班的数学课代表、有劳动委员等。再走向前一看，个个红笔在握，圈圈点点，无异于老师。间或遇到不同的思路，把握不住的时候，会轻声地讨论一番。我轻轻地走出教室……

在随后一周的周三下午学校召开全校教工大会，而此时学生正在教室上自习。开学后第一次没有老师在教室，不知教室里的纪律如何？散会后急急忙忙赶往教室，刚走到教学楼的楼梯口，远远望去，教室内出奇的静，真令人诧异。等走至教室门口才发现A同学正在讲台上讲题目，同学们都很配合，听得聚精会神，而且A同学还不时提问，请同学来回答，俨然一位小老师……

同学是怎样看待A同学的所作所为？在随后交上来的周记中有同学这样写道："A同学在没有圆规的情况下，能徒手画圆，真是不简单……"；也有同学写道"A同学讲题虽然没有老师讲得易懂，但他不厌其烦，直到同学搞清楚为止。这样的学习方式真好……"在当天的班务讲评中，我读了几篇评价A同学的周记，并及时表扬了A和其他几位热心为大家服务的同学。

变化在不知不觉中发生了。不久数学老师告诉我A同学近来听课的神情专注多了，英语老师也说A与前阶段不同了。有一次课堂上因"反光镜"事件我委婉地批评了他，A同学没有再顶撞。而课后在了解"反光镜"事件发生的原因时，才知错怪了他，而当时在课堂上他没有为自己辩解一句。此时的他与军训时的他相比较，真是判若两人。

这只是我许许多多学生中的一个，一个学生就是一个世界，让每个学生都能做最好的自己，是我不懈的追求。

一课一领悟

班主任在开展工作时常常需要点面结合，既需要根据学生的个性特质有的放矢，也需要在出现共性问题时进行共同教育，因此班会课就成为班主任开展工作时的一个重要阵地。越是课时紧，越是要用好班会课，尤其是在高三。

如果说高三的学生最缺少的是睡眠的话，那么高三的老师最缺少的就是课时啦。进入高三后，各科老师都大有将一课时掰成两课时用的势头。因此高三课表也从高一高二时的丰富多彩进入到了相对千篇一律的态势，每天语数外和选二科目的课那是一个也不能少的，有时语数外的课一天中就有两节。在课时如此紧俏的高三，有些同学和老师就在想，那班会课还需要吗？抑或可将班会课用作某些科目的习题课或自习课？通过多次的实践，我得出的结论是：在高三，班会课是必须有的。

如果说文化课是务实的话，那么班会课也许就是务虚；如果说学习具体的知识是务实的话，那么目标和方法的指导就是务虚；如果说各科的书面作业和考试是务实的话，那么作业的策略和考试后的总结就是务虚。多年的工作经验告诉我们：务实需在务虚的指导下才能起到事半功倍的功效，而务虚也需要通过务实才得以实现。由此看来，班会课和文化课那是相辅相成，相得益彰。

班务工作中，我注意把握高三不同阶段需要不同类型教育引导的特点，用心设计班会课，虚功实做。

激发斗志，扬帆破浪。从高二小高考结束至刚进入高三，我觉得需要充分挖掘学生的内需，激发学生的斗志，使学生的学习状态更好地实现“要我学”到“我要学”的转变。高二小高考结束后，有部分学生往往会因短期的奋斗目标达成而比较茫然，我利用班会课请我班的小沈同学谈谈她自己的想法。该同学聪明、接受能力较强，但高一时较为浮躁，学习不努力，成绩下滑得较多。自从她坐到班级“一哥”的后面，“一哥”沉稳的气场、严谨的学习态度及超强的学习实力给她以深深的震撼，由此她幡然醒悟，通过一段时间的努力，进步较大。

让小沈同同学说说自己的转变，也许对当时的同学们会有所触动。班会课上，她侃侃而谈。先谈自己高一时的一些幼稚想法和做法，谈自己的浮躁和退步，谈母亲为自己的付出，话到动情处小沈同学潸然泪下；接着小沈同学话锋一转，又谈到从班级“一哥”身上学到的点点滴滴。因为是同学们熟识的人，因此她的现身说法给同学带来了心灵的震撼。

我还请往届优秀的学哥学姐们走上班会课讲台。2011 届，我校高考取得了优异成绩，我请学生处的老师联系了我校高考中的佼佼者，在高二学年结束的班会上，请他们给我班的学生谈志向、谈学法。学生们的心开始热乎起来了。

当然仅仅请优秀生谈，还不能调动所有学生的积极性。于是，我又充分利用杂志和网络，找找过来人的成功经验。在两期《读者》上，找到了两位就读北大的学生所写的高三的奋斗历程。这两位作者一位曾是名不见经传的普通学校的学生，另一位曾是复读生，这两位作者都是通过刻苦卓越的努力实现了自己的梦想。班会课上请两位朗读较好的学生绘声绘色地朗读。读完后，就作者坚定的目标、刻苦的学习态度和学习的方法进行讨论。会后了解，相当一部分同学从中得到启迪，激起了奋斗的信心。

在高三开学缴费的那一天，我又趁热打铁，亲自与同学们一起学习了 2010 年 11 期《读者》上发表的广西某年高考文科状元所写的一篇文章《我们都不是神的孩子》，文中谈到确立目标时的歇斯底里，谈到高三加倍付出的辛苦，谈到可能出现的各种问题及解决对策等等，让学生们信心倍增。开学后的班会课上，我便顺理成章地与学生一起制定了高三的奋斗目标，扬帆起航！

交流方法，事半功倍。进入高三，仅仅有热情是不够的，因为高三的学习时间紧、任务重、压力大。因此只有时时运用合适的方法与学生们交流，才能使学生的学习积极性和学习的效益达到最大化。而班会正是这样一个很好的交流的时空。

班会课上，我组织学生开展“如何用好高三的各种时间”的讨论。有的同学说课上一定要与老师同步思维，会的跟着老师轻声说，不会的赶快记在纠错本上，课后加以记忆；也有同学说，有些理科上课节奏快，一定要先思考，课后可以借同学的笔记复印；还有同学说可以用好每节课前的两分钟，想想上节所复习的内容，同时用好下课后的两分钟，想想当堂课所复习的内容，也许时间不多，效果却不错。除此以外，也有同学提醒道，还可以用好晨读开始前的十分钟，背背语文和英语；挤出一天中部分课间时间做做零散的小题……

在学习方法的交流中，我们还一起讨论了善问老师同学、记忆规律、整理资料、做好错题等多个专题，使不同学生的学法得以改善，从而提高了学习效率。

考后总结，循序渐进。进入高三后，各类考试非常频繁，在一轮复习阶段，小考周周有，大考月月有；而在二轮复习阶段更是小考天天有。考试的功效除了检测学生对知识的掌握情况，同时可以提升学生应对考试的能力，还能够锻炼学生的心理素质。因此，在进行了大的阶段性考试后，我利用班会课与学生一起好好总结，使学生在知识、能力及心理素质各方面都能稳扎稳打，循序渐进。

高三的第一次月考后，我和同学们都做了精心准备，认认真真开好一次总结班会。首先，建议学生就各科的卷面失分情况，按知识点统计，由此可知前一阶段复习中各科薄弱环节；其次，针对知识点的薄弱环节将错题重新做一遍，找出错题原因；再次，将错题相关的知识点再复习一遍，重新梳理知识点的原理；最后对知识点所在章节的重点内容再重新梳理一遍。通过这样细致的纠错，学生的基础知识得以夯实。除了对知识点做好总结，还就应对考试的方法多加反思。在一轮复习中，由于学生定时间的完成各科全卷的机会很少，因此借助这种阶段考试，找准答题的节奏，使时间效益最大化；另外，考试过程中，易得分的安排在前面做，如化学的第21题，考的知识点较有限，在时间允许的情况下，得分率较高，因此提醒学生在做完Ⅰ卷后，直接跳到21题，然后再顺着题号往下做，使得分的效益最大化。

释放压力，轻松前行。在高三整个复习阶段，学生会遇到许多困难，除了学习上的，还有情绪和心理上的，如果不能处理好这些问题，则会使学生的学习停滞不前，甚至倒退。因此，我充分利用班会课来调整学生情绪和心态。首先让学生了解高三的各个复习阶段可能出现的问题，如开学初的焦虑、二轮复习后的"高原效应"、疲劳后注意力不能集中等；同时让学生知晓这些问题的出现都属于正常情况，也是可以克服的。其次可以组织学生召开如"情绪管理的有效途径"的班会课，学会一些实际的操作方法，如心理暗示法、适度宣泄法、注意力转移法等。通过这样一些班会课，使得学生能以最佳的状态完成高三的学习，从而取得应有的成绩。

班会课也许只是我们上过的诸多课中的一种，但是它的重要性却是不言而喻的。毕淑敏曾说过"所有的动力都来自内心的沸腾"。是啊，虽然传道授业解惑是老师们的职责，但老师们更重要的任务是唤醒孩子们的内心，让他们充满活力地完善自己、超越自己。让学生们在每一节课后都能有所领悟显得尤为重要。

教师是一个看似简单的职业，简单在其工作形式总是按照固有的节奏有序地向前——备课、上课、改作业、讲评和考试，周而复始；然而教师又是一个需要创新的职业，创造是其工作原理，没有哪一个学生是完全一样的，没有一节课是可以完全重复的，由此教好每一个学生、上好每一堂课将是我终生的追求。

请让我用纪伯伦的一首小诗来结束本文吧：

我永远在沙岸上行走，
在沙土和泡沫的中间。
高潮会抹去我的脚印，
风也会把泡沫吹走。
但是海洋和沙岸
却会永远存在。

——摘自《沙与沫》